i

为了人与书的相遇

私立小学闯关记

不输在起跑线的精英教育

Kumiko Makihara

Dear Diary Boy

An Exacting Mother, Her Free-spirited Son,
and Their Bittersweet Adventures in an Elite Japanese School

[日] 槙原久美子 著　　刘晓婷 译

广西师范大学出版社
· 桂林 ·

Dear Diary Boy: An Exacting Mother, Her Free-spirited Son,
and Their Bittersweet Adventures in an Elite Japanese School
by Kumiko Makihara

著作权合同登记图字：20-2021-236
本书图片皆由作者本人提供和拍摄，其中第226页插图版权所有者为Terril Yue Jones。

图书在版编目(CIP)数据

私立小学闯关记：不输在起跑线的精英教育 / (日)
槙原久美子著；刘晓婷译. —桂林：广西师范大学出
版社, 2021. 9

ISBN 978-7-5598-2666-4

Ⅰ. ①私… Ⅱ. ①槙… ②刘… Ⅲ. ①小学生－家庭
教育 Ⅳ. ①G782

中国版本图书馆CIP数据核字(2020)第034698号

广西师范大学出版社出版发行
广西桂林市五里店路9号　邮政编码：541004
网址：www.bbtpress.com

出 版 人：黄轩庄
责任编辑：黄平丽
特邀编辑：许护仙
封面设计：陆智昌
内文制作：陈基胜
全国新华书店经销
发行热线：010-64284815
山东韵杰文化科技有限公司印刷

开本：880mm × 1230mm　1/32
印张：7.5　字数：147千字
2021年9月第1版　2021年9月第1次印刷
定价：48.00元

目 录

2007年11月16日

我每天都会做梦，可怕的梦、好玩的梦、各种各样的梦。我曾经梦到自己身处一场战争中，用剑杀死了两个人，但在和第三个人搏斗时，我惨败，死了，两天后才醒来。在另一个吓人的梦里，我梦到自己死后进了一个坟墓，而我的一位朋友早已在里面。

我再也不想碰见那样的梦了。

有趣的梦是这样的：我在煎饼堆里上蹿下跳地向前走，突然陷进一个煎饼里，被卡住了。于是我吃掉一个煎饼才脱身，煎饼上连糖浆都没有。

最初的开始

1999年6月3日

娜塔莉娅医生轻轻地把手放在婴儿的胸前。

"这是你的新妈妈和爸爸哦。"她说。婴儿安静地躺在金属制的婴儿床上，双臂张开，手指蜷成小拳头。婴儿床的一边挂着一根金属丝，上面吊着一个塑料拨浪鼓：那是他的玩具。娜塔莉娅医生身材高挑，戴着镶黑石的银手镯和配套的耳环，深棕色的头发被整齐地修剪成带刘海的短发，指甲修剪出了形状，边缘整齐。我总是被在苏联的偏远贫困地区发现的优雅和精致打动。她用手在婴儿身上轻柔地来回抚摩，慢慢唤醒孩子。婴儿睁开了眼睛。

* * *

通往科克舍套[*]的入口处有一个路标牌——两个蓝色三角形框架上立着钢制的城市名称。入口左侧是墓地，右侧就是位于哈萨克斯坦北部的科克舍套了。在驱车穿过尘土飞扬的街道前往妇产医院的途中，我们看到了一些巨大的灰色废弃建筑物，建筑物的窗户不是破损，就是已经不见了。还有一座高大的工厂，正面用俄语写着“给人民的面包”。

* * *

“我们和这个孩子在一起生活了两个星期，把他视如己出。我们相信，他也把我们当作自己的父母。”我在为领养庭审而背下来的俄语辩护词中说道。当时我紧张不安，无法控制僵硬的身体，讲话时如同在低声耳语。速记员在打字。法官坐在那里，面无表情。

几天后，我们乘坐一架老式苏联飞机离开了科克舍套。这架飞机能载大约 20 名乘客。飞机的轰鸣声很大，正当我纳闷为什么还在滑行时，我望向窗外，才发现原来我们已经在空中了。我两个月大的儿子就睡在我腿上。

---

* 科克舍套（Kokshetau）是哈萨克斯坦阿克莫拉州首府。——译者注

2006年2月13日

早晨醒来,我看到日记里夹了一封奇怪的信。是外婆画的一幅画,画里是一个超想要写日记的小男孩,这个日记男孩长得很像我。

哇哦。一顿大餐哎。好哇！今天的日记看起来好好吃哦！槙原菊子绘。（画上的碗里堆满了日语单词“字”，意为“文字”。碗上写着“日记本”。）

入学之前

2004年11月1日

我是校车上唯一一个没有穿深蓝色套装的妈妈。车里有六位母亲，分别带着她们年幼的孩子。大家都假装没看见彼此。但我心里很清楚，我们都一边看着孩子，一边紧盯着对手。太郎坐了下来，没有先让座给我。现在他正不停地来回晃腿，而这所学校的目标学生群是礼貌、听话、教养良好的孩子。其他的母亲们是否注意到我们的表现有瑕疵？这场入学竞赛，我们输定了。我是否也应该提前买一身新套装，穿得像她们一样，而不是凑合着穿这身在所有场合都穿的灰色套装？这是一套起了褶子的“三宅一生”的小衫和裙子，时尚又精致，很适合我。但并非每个人都会认为这样的搭配整洁又不失分寸。校车在城中的林荫大道蜿蜒穿行，车上的其他母子看上去都平静而自信，一心想着达成他们的目标：在明年的一年级开始之前，抢先进入众人梦寐以求的小学。

校车驶入一条宽阔的车道，道路的尽头是学校深绿色的铁门，两旁矗立着高大的榆树。我们一个接一个默不作声地下了车，沐浴在秋日午后柔和的阳光里。家长们跟随指示牌来到了礼堂，被人领到座位上。孩子们排好队，学校给每个人都发了挂在脖子上的名牌。望着太郎，我突然有点喘不过气来。真是个漂亮的男孩子呀，五官清秀，肤色白皙，脸蛋光滑，一头栗色的头发，和其他孩子站成一队，离我有些距离。5 岁的他，正站在人生的岔路口。今天，我最爱的太郎，也许会通过小学的考试，也许不会。看着孩子们走向考场时，我们这些做母亲的抑制住了向小士兵们再喊出一声“加油”的冲动。

* * *

Ojyuken 的意思是参加幼儿园或小学的入学考试。在“jyuken”（考试）一词前加上的“o”是一个有点挖苦意味的敬语，意思是只有非常喜爱这种敬语的上层人士，才负担得起为年幼的孩子准备入学考试的时间和成本，有能力支付私立学校的高昂学费。我和太郎基本属于这一类人。我父亲是一位著名的企业高管，我母亲的曾祖父——商业大亨岩崎弥太郎，是日本著名的早期实业家之一，太郎因此得名（太郎的全名是弥太郎）。但我没按常理出牌，因为我嫁给了一个美国人，还一起收养了一个婴儿——这在日本属于极不寻常的行为。当时，我和前夫都在俄罗斯当记者，在我数次怀孕失败，已年过 40 岁后，我们在哈萨克斯坦的一家医院遇到了太郎。太郎的哈萨克斯坦生母在生下他几天后就把他扔在了医院里。瓷白的皮肤和一头浅发表明他的生父可能是俄罗斯人。

在我们收养了太郎的三年后，我离开了前夫。如今在东京，与外国人结婚和离婚已不再令人侧目。但在应试圈这个排外的圈子里，单亲是不正常的，混血孩子更是格格不入。从一个几乎不为大多数日本人所知的国家领养的孩子？太不可思议了吧。那些精英学校并不追求与众不同，他们只想要高质量的学生。

“哦，只有你自己吗？”六个月前，备考学校的一位女士在电话里问我，她的嗓音沉了下来，似乎不太认可我。我告诉她自己是一名忙碌的单身母亲。这是我这么晚才打电话询问课程的理由。现在已经是五月，十一月就要考试了。大多数孩子至少会学习两年，而我们只有六个月的时间。“上私立学校可能比较困难。”她继续说。

在小学入学考试的世界里，人们常认为单身母亲（在日本，孩子主要由母亲来抚养和教育）过于焦头烂额，无法正确地抚养孩子，再加上囊中羞涩，无力负担私立学校的学费。何况从监督孩子学习到接送孩子往返补习班，一个有工作的母亲怎么应付得了这些繁杂的后勤工作呢？在与备考相关的网站上搜索的时候，我看到了一些单身母亲们焦虑地提问——私立教育是否超出了她们的能力范围。我看到了这个问题：“难道没有父亲的孩子就不能进入私立小学吗？”一家考试信息网站上的回复称：“想要进入竞争激烈的学校，或教育质量良好的男女混校，会十分困难”，并补充说，对于一些排名相对靠后的学校，“我们不排除有入学的可能性”。

备考学校的女老师问我：“你能暂时先和父母住在一起，直到考试结束吗？”我在父母家附近租了一间小公寓，方便太郎经常去看望他们，但也有一定距离，好拥有一些属于自己的空间。这位女老师的理由是，如果我和父母住在一起，会让人联想到母亲和儿子舒适地生活在一个大房子里，有疼爱孙儿的外祖父母照顾，而不是一个无人关心的孩子和一个身无分文的单身母亲，两个人在狭小的房间里艰难度日。

但是和父母一起住是不可能的。当我离开在北京担任驻外记者的前夫，和当时快 3 岁的太郎一起回到东京时，我父母很不安。他们对自己丰富忙碌的生活心满意足。我父亲是一家大公司的董事长，父母经常一起出国参加会议。他们的二人世界早已被填得满满当当，没有我和太郎的位置。父亲问我将来有什么打算，希望听到我说自己会自食其力。之前的日子里，我未曾考虑过未来，一直专注于现在和过去，一遍又一遍地思考着嫁给一个才华横溢、聪明迷人，但同时又风流成性的男人的利弊。终于有一天，我下定决心，收拾好行李，带着太郎飞回了东京，完全不知道下一步该怎么走。

“我实在搞不懂你是怎么想的。”父亲曾经这样抱怨道。

“不了，”我告诉电话里的女老师，“我不可能搬去跟父母一起住的。”

我为什么要考虑私立学校呢？这其实是我在最后一刻才决定的。作为辛苦忙碌的单身母亲中的一员，我没怎么考虑过太郎的择校问题。回到日本后，我开始在日本南部的一家大型酒店集团担任总裁助理，几乎每周往返于东京和度假胜地之间，乘坐飞机 90 分钟即可到达。我的心思都耗费在照顾太郎的事情上：是带他跟我去出差，还是趁父母在家时把他留在父母家。太郎被托付给附近的日间托儿所照顾，那里的孩子几乎都上了本地的公立学校，这所学校颇有声望，就位于我住的那一片富人区。我之前一直想着送太郎去那里读书。

日本的公共教育体系备受推崇，它重视高水平的标准化课程，相信每个儿童在学习上都具备相同的潜力。从一年级到六年级，公立小学没有设置任何“天才班”。当然，公立小学同样重视与学术教育并行的品格建设，会教导孩子们如何与他人友好相处，保持周边环境整洁，尊重老师和大自然。一般而言，只有超级精英、富裕人家或有雄心抱负的家庭，才会在孩子刚入学时把公立学校排除在选项之外。日本只有大约 1% 的小学生上私立学校。太郎年纪尚小，我当然不想在这个时候就把他划分到享有特权的少数群体中去。

但是当太郎的钢琴老师听说我的想法后，她认为我想得显然过于简单，敦促我重新考虑。我惊讶地发现那些在我看来思想开明的朋友中，竟然大多数都同意她的观点。她们都说公立学校已经和之前大不相同，列举的原因有学术水平下降，教师士气低落，教学设施不达标。事实上，去私立初中念书（从七年级开始）的学生比例一直在稳步上升。现在有大约 7% 的日本孩子上私立中学，因为他们的父母相信私立中学能提供更高质量的教学，并为孩子们进入声名显赫的高中和大学铺平道路。

我经常听到钢琴老师和朋友们异口同声地说：“要趁早迈出第一步。”那么我的目标应该是让太郎能够进入一所带附属中学的私立小学。她们认为在孩子们更容易听得进去母亲们哄劝的孩童时期，就开始准备私立学校的入学考试会更容易，更不用提越到后面，考试就越难的现实情况。既然如此，为什么不放手一试呢？尤其是如果我有一所好的公立学校作为后备，又能损失什么呢？我甚至连私立学校的名字都不熟悉，所以直接选择了我父亲的母校，想着父亲的校友身份可能会有所帮助。这所私立小学在学术和体育方面都享有全国最高水平的声誉。至少，我们可以参与一下家长口中所谓的“纪念性应试”——参加考试不过是为了体验一下盛装打扮，步入名校神圣殿堂的感觉。不管怎样，一个面向五六岁儿童的测试能有多难？我的脑海里不禁浮现出自己和其他应试圈的母亲们开心说笑的美好画面，身旁站着我们优秀的孩子们。

* * *

在一所备考学校里，我小心翼翼地走向坐在教室后面的一群家长。太郎正在上体验课。在给太郎发放入学通知前，备考学校正在对他进行考察。他们想要的不是一个会扰乱课堂秩序的孩子，而是一个能考进好学校的孩子，这样他们就可以在宣传册上炫耀一番。我坐在家长排的最后面，祈祷太郎能乖乖地坐到下课。而太郎正在注视着这个安静的新环境。其他的十多个孩子已经穿上了为考试准备的衣服，都穿着白色马球衫和海军蓝色的短裤或短裙。他们后背挺直地坐着，双手放在膝上，学习资料放在桌子中间，右手边摆放着两支削尖的铅笔，铅笔头朝前。而太郎的双手不停地在身体两侧晃来晃去。一位年龄不小，体形偏胖的老师走了进来。“太郎，你的铅笔呢？”她问道。只见太郎一脸害羞地笑了笑，从耳朵后面掏出一支，老师扑哧一声笑了。我强忍住笑。其他家长保持沉默。

下课后，老师在她的办公室里对我说：“太郎接下来在这里的发展，取决于母亲付出了多少努力。”换句话说，我是否有能力让太郎尽快在练习中跟上进度，是否能对他严格管教，让他挺过长达一小时的笔试，以及在小组行为测试中好好表现？突然，本应乖乖待在隔壁教室的太郎跳了进来，扑到我的膝盖上，他的脏运动鞋碰到了沙发的边缘。当我告诉他等我和老师谈完话再说时，他不停地用英语大声嚷道：“Excuse me，Mama（妈妈，不好意思哦）。”好不容易逮着机会试试我刚教会他的这句话——打断大人们谈话时的礼貌用语，太郎一脸开心。自从我们从北京搬回东京后，太郎就忘了从保姆那里学到的中文，也忘了父亲教过的英语，现在只会说日语，所以我一直在努力一句一句地教他重拾英语。但眼下，重点是这个在文明补习班的疯小子。我不能对他大喊大叫，否则会让人觉得我是个失控的母亲。老师回以一个冷漠的会意微笑，于是我们匆匆离开了。我心情沉重，但从课堂中解放了的太郎很是快乐。他拽着我的手向前拉，我能感觉到他跳跃的脚步。

大家称这些备考学校为 juku*，它们是价值数十亿美元的庞大应试教育产业的一部分，将父母对子女教育的焦虑转化成了商机。除了补习班和课外辅导,还有各种模拟考试和夜间学习班，帮助孩子们打磨应试技巧。百货公司还专门出售一系列适用于考试的服装和配饰。有适合母亲们的保守的深蓝色套装和裙子，其中有些缝制了隐形口袋，用来装从寺庙里求来的护身符，据说可以保护佩戴者并给他们带来好运。在补习教室里，孩子们可以脱掉室外鞋，换上备好的室内折叠拖鞋。如果忘记带学习用品，可以随时向学校借用，但这样会让大家认为你是个粗心大意的孩子。学校还提供深蓝色的雨伞，上面附有便携袋，防止大家把雨水滴到教室的地板上，还有精致小巧的纸巾包可供使用（孩子们要把纸巾放在一个口袋里，把手帕放在另一个口袋里）。书店里有练习题集、学校排名册、往年考试的真题集和

* Juku，塾，全称 gakushu juku（学习塾），指日本课外时间提供学习课程的私人学校，类似于中国的补习班。——译者注

一些指导书，比如《关于小学入学考试，你需要知道的125件事》。

被好几所备考学校拒绝后，我们终于找到了一个可以接收我们的学校。太郎足球班的一位母亲对此十分同情，于是介绍我们去了她儿子正在上的学校。这所学校名叫“Sakura”，意思是“樱花”，位于一个破旧建筑物的昏暗单间公寓里，距离繁华地段有一个街区那么远。

“你们确实来得太晚了，”校长说，她看上去已年过花甲，“不过既然是松井女士介绍的，我们还是愿意接收的。”

她递给我一张700美元的发票，上面有注册费、一个月的学费、课本和水电杂费。还有一张单子，上面列出了学校的守则，其中包括以下这条：**“如果校方认为母亲情绪不稳定，我们会要求孩子退学。”**

太郎开始每周去“樱花”上两次课。这所备考学校一直兜售的“私人指导课”是这样运作的：一共有三位老师，每个老师面前坐一位学生，大家挤在两间小教室中的一间，复习练习题和模拟试题。大多数学校也有体育考试，为了进行练习，老师还会在这个小房间里测试太郎的协调性，比如：“用左脚跳到一个地方！”他一边拿着秒表，一边计数。太郎在桌子旁上下跳动着，一头短发四处飞舞。

每个学校都有自己独特的考试内容，通常都包括写作、艺术、运动和行为能力，外加面试。而笔试的形式就多种多样了。在听力理解中，孩子们首先会听到一段故事录音，并根据录音回答问题。例如，他们可能会听到：

> 花子去见她的父亲。在人行横道上，她路过了一个头戴白帽子的男人，看到一个穿着毛衣、戴着眼镜的男人坐在公园的长椅上，还看到一个戴领带的男人下了公交车。邮筒旁边有一个留着小胡子的男人。她父亲在火车站等着。
>
> 请问哪位是花子的父亲？*

然后考官会给孩子们看一张插图，插图描绘了录音中提到的五个人，每个人都有不同的穿着打扮：一个戴着白帽子，两个戴着眼镜，另一个戴着领带，还有一个留着小胡子。孩子们必须记住，花子的父亲没有上述提到的装束，并选出符合条件的人。

当然，这只是一个非常简短的例子。录音里的许多故事大约有五分钟那么长，而且孩子们不能做笔记。尽管一些五六岁的考生已经被父母教会了识字和写字，但考试是在孩子还没有识字的前提下进行的。他们只需要在正确答案对应的插图上做好标记。我们发现听力理解是太郎的强项。

其他的测试更具挑战性，比如规律识别和预测。例如下面

---

* 日本朝日电视台，"天下达人"节目 http://www.nikken-net.com/qa/。

这道题，考生需要推算出圆会出现在空格里的哪些位置。*

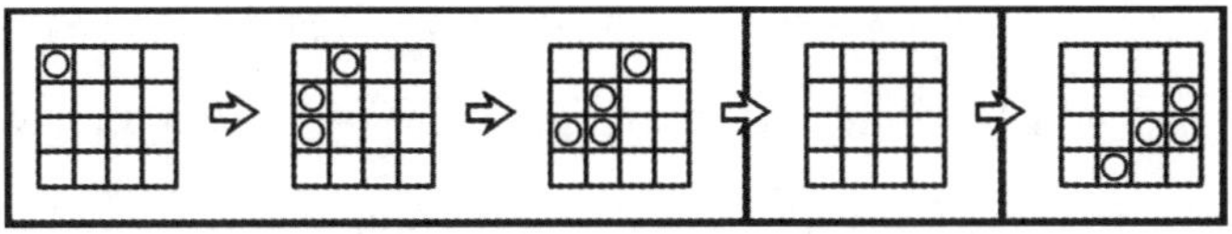

要得到答案，首先需要推测出所有的圆是向右移动的，然后注意，在最后一个框中的最后一行，增加了一个圆。所以按照这个规律，正确的答案应该是：

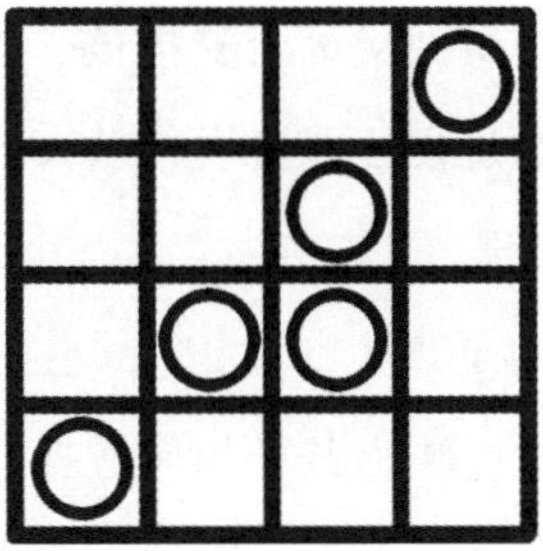

许多测试题对科学概念理解的要求远远超出了孩子们的年龄能达到的水平。在玻璃杯中放入积木，杯中的水位会发生怎样的变化？将方糖放入不同量的水中，哪一杯最甜？如果一个农民在雨天拿一个鸡蛋，晴天拿两个，阴天不拿，那么请问，过了三个晴天，一个雨天和一个阴天后，还剩下多少个鸡蛋呢？

---

* Exzam Inc，“小学考试问题集 23 范例” https://www.exzam.co.jp/sample_downloads4.html。

还有一类测试叫作“常识理解”，测试内容包括几个不同的部分，比如“自然常识”或“季节常识”，孩子们需要把“水稻种植”和“燕子的窝”与“春天”匹配，“西瓜”和“蝉”与“夏天”匹配。其中有一道关于自然常识的题目，是五幅花朵的插图：郁金香、风信子、牵牛花、番红花和水仙花。孩子们必须从中选出与其他四种花不同类的花。*

正确答案是牵牛花，因为它是里面唯一一种从种子而不是鳞茎生长出来的植物。“太郎，你要记住，一只瓢虫身上有七个小点！”那天我们正要离开教室时，老师在我们身后喊道。尽管许多积极上进的应试圈父母会安排孩子去乡下学习旅行，或者把孩子送到乡下的过夜补习班去，但大多数城里人只能从书本上学习这些自然常识。

最让父母头疼的是“生活常识”，主要测试孩子的行为举止和家政技能，既能反映出孩子如何被抚养长大，同时也暴露了孩子在家里养成的邋遢习惯。在一次模拟考试中，太郎在餐桌布置这一项得了C，根据老师的报告：“太郎在分发盘子时把所有盘子都扔得乱七八糟的”“请让孩子在家里帮忙摆放餐具吧，可以帮助他复习”。天哪！这次考试就是针对我为人父母能力而展开的一次全民公投，结果抓住了我的短处。的确，

---

* Exzam Inc，“小学考试问题集23范例”https: //www.exzam.co.jp/sample_downloads4. html。

辛苦劳累了一天后，我宁愿自己摆餐具（也许我是在乱扔盘子？）也不愿让太郎帮我。现在好了，我们都要为我的不耐烦付出代价。

在一次上课时，老师把孩子们分成几组，给每组发了一块野餐用的桌布、一大瓶茶、一盒饼干和一些杯子和盘子，要求孩子们有礼貌地为对方服务，并且坚持让对方先吃饼干和喝茶，就像彬彬有礼的日本成年人一样没完没了地这样做。学校要培养的不仅仅是只会学习和考试的孩子，还要有礼貌和善解人意。这些测试中的任何一个都可能会出现在考试中。所以母亲们必须在十一月的考试来临之前，打磨好自己的“产品”。

艺术考试评估的是孩子绘画和制作手工艺品的熟练程度，大多数考试内容都很乏味，大概是为了测试他们的耐心和灵巧度。太郎很讨厌撕绘（chigiri-e），这是一种传统日本艺术，把坚韧的和纸用手撕碎，然后粘在一张纸上进行艺术创作。

“你不可以只把纸撕碎了呀”，“樱花”的校长拿着一张紫色的纸向太郎演示。她一边用指甲在纸上画了一条线，一边说：“你必须用指甲小心翼翼、轻轻地把纸撕下来。”而考官最爱的折纸（origami），是我那好动的儿子的另外一个弱项。其他孩子很快就能折好起重机（折 19 下）和睡莲（折 28 下），而太郎，几个月后，也只学会了折钢琴（折 10 下）和农民（不用折出裤子形状的话，只需要折 12 下）。之前，从未学过画画的太郎还画过一幅蜡笔画，画了一辆飞驰在灰色草地上的蓝色火车，描绘了一家人去日本北部旅行的场景。这幅画在模拟考试中得了D-。我的儿子才5岁，平均绩点已经呈暴跌趋势。

而体育部分的考核主要包括跳绳、弹球、弹跳和其他测试身体敏捷度的动作。太郎体格健壮，在这些测试中表现出色，但测试还对孩子们设置了额外的挑战，考察他们在记忆并遵循指令这方面能做到多好。学校可能会设置一个复杂的障碍赛，例如，先原地转呼啦圈两次，然后运球到一个定点，再从那里单脚跳到下一个定点。

在小组活动筛选中，孩子们将被分成不同的小组，并一起完成一项任务。老师可能会给他们发一些纸、筷子、铁丝、胶水和剪刀，然后要求每个小组做一个池塘，假装在钓鱼。提供的工具数量可能会比孩子的人数少，这时可以观察孩子们是否会彼此分享，而且学校还会观察孩子们如何使用设备。你在递剪刀给朋友时，会先把刀刃恭敬地朝向自己，而不是危险地指向对方吗？递东西给对方时，你会用双手奉上吗？当你做完任务，你会把所有东西都扔在地板上置之不管吗——这样做通常意味着在家里妈妈会帮你把玩具收起来，还是把它们整齐地堆在角落里，显示出良好的家教呢？

“明白了吧？”我现在还记得自己对太郎说这句话时，我们正像往常一样试着解决“樱花”布置的日常作业。那天晚上，我把棒球帽歪着戴在太郎头上不下十次，指着我放在他面前的镜子说：“帽檐在反面。”当时我们正在练习一道测试题，家长先给孩子看一张照片，照片里是一个歪戴着帽子的小孩在镜子里的映像，然后再看另外两张照片，还是同一个戴帽子的小孩，但帽檐的方向不同。哪张才是正确的映像呢？我不想尝试解释这背后的科学原理，只是想让太郎记住镜中的映像总是相反的，这样他就可以在测试中选出正确的答案。但是太郎一直没有成功，他其实连左和右都分不清。为了让太郎掌握这个知识点，我实在没有其他办法了，只能一遍又一遍地重复这个过程——站在镜子前，指指他头上的帽檐，再指着镜子里的帽檐，热情洋溢地对着他大声喊：在镜子的映像里，帽檐会出现在相反的方向。

但太郎似乎并没有努力去练习，我愈发恼火起来。他在椅子上来回扭动着身子，晃着双腿，趴在桌子上随意喊出一个答案。

“是这个！”突然太郎喊对了一个答案，我一时激动不已，然后意识到这不过是他胡乱猜中的。

“你认真看看！还不懂吗？”我大声喊道，使劲儿把帽子扣在他脑袋上。

“我不做了！”太郎说着便跑出了房间。我追过去抓住他，把他拖回到桌子前。几乎每次都是这样。

* * *

十一月愈发近了，“樱花”的校长日渐紧张起来。她不赞成我们在纽约度过整个七月的计划。我哥哥一家住在纽约，我已经安排好，趁他们夏季外出时和太郎一起住在他的公寓里。我给太郎报了一个日间夏令营，想让他多接触一下英语环境和另外一种文化。但校长认为这样的活动只会影响太郎的备考。

她告诉我："人们都说为了准备考试，做过的练习题堆起来最起码应该和孩子的身高一样高，但我觉得你们做不到。"

她递给我一本不到三厘米厚的练习题集。这样已经足以让我们的旅行鸡飞狗跳。每天早饭后，我都想着法地哄太郎做几道题。我可以为了尝试讲清一个概念徒劳地花费两小时，比如在一张画了一摞积木的图片中找出其中有几块被挡住的积木。这类练习题要求孩子们计算出一个三维物体堆后面无法直接看到的方块的数量。我会用真实的积木把三维图摆出来，引导他从不同的角度来观察。但就像棒球帽的映像一样，他无法理解这个概念。每天早晨我们都筋疲力尽地离开公寓，我甚至担心太郎可能会靠殴打夏令营的小伙伴来发泄自己的沮丧。

* * *

每每想到太郎肚子里那点少之又少的墨水，很难通过考试时，我就恐慌得要命。每当我们面临一项新任务时，我就想问为什么一个孩子需要掌握它才能进入小学。但我忽视了自己的问题，只是一味地哀叹太郎的无能。躺在床上，千愁万绪涌了上来。我为什么不能挺直腰板，多看看儿子的优点呢？毕竟，我受过教育，又懂得人情世故。应试圈子里的母亲们大多数才二三十岁，我比她们大十多岁，享受过更为丰富多彩的生活。据我所知，她们多数人毕业后都工作过，但有了孩子后就都辞了职，转而投身于家政和育儿，这是日本女性的一种典型生活模式。我曾在世界各地的城市生活过，在东京的《时代周刊》担任外国记者，在俄罗斯的《莫斯科时报》任专题编辑。你可能会期待我看问题的视角更为广阔、更为明智。但相反，我也只是井底之蛙。之前有段时间，我还痴迷于确保自己用了大小合适的纸巾盒。我用补习班的责罚来衡量太郎的价值，结果每天都在考试地狱的流沙中越陷越深。

我把自己过于服从日本社会风俗的原因归结为以下三点：我的性格，我的成长环境，以及日本墨守成规的文化。我总是过度警惕，并且热衷于随心所欲的幻想。比如，我会注意到人行道上的一块玻璃碎片，然后想象它刺穿我的光脚时产生的刺痛，以及渗出来的一大片深红色的浓血。因为父亲工作上的调动，我的童年是在伦敦郊区度过的，那里很适合我繁忙的思绪。有哥哥、朋友们和洋娃娃的陪伴，我的虚构素材丰富多彩，而且每次浮想联翩后，我的幻想之旅总有一个安全的返航之处，那就是我最熟悉的、无可撼动的根据地：从 3 岁起就去的小型私人学校；在珀利的家　有两层，二楼有　间独属我的卧室，房子前后都是草坪；还有妈妈开的那辆蓝白相间的凯旋牌跑车，常载我去学芭蕾舞和上钢琴课。8 岁那年，父亲的老板命令他调回东京，这种安稳的生活就此破灭。在那个阳光明媚的早晨，我和9岁的哥哥一直在研究餐厅墙纸上的裂缝，怀疑是松鼠的恶作剧，这时父亲突然说，我们要搬回我一岁时离开的家乡了。

“日本是什么样呢？”我问。

“日本很棒的。”父亲说，“我们在那儿会过得很好。”

一个月后，我和哥哥在东京以南的川崎市的土路上迈着沉重的步伐往前走着，跟着一群住在附近的孩子们一起前往我们的新学校。由于日本的住房条件比英国差很多，我们搬进了一套只有三个房间的小公寓。我们尚不知道去学校的路，路边到处是敞开的下水道、稻田和有着波纹状铝制屋顶的小房子。一进到学校，成群的孩子围着我们，用手指摸我的衣服，模仿我回答问题的样子。女孩们拽着我的藏青色羊毛针织裙的背带，这是我从英国带回来的，跟她们穿的薄棉布裙很不一样。

“我的英语比日语好。”还有孩子用低沉的音调说话，模仿我的嗓音。我跟他们讲过，希望他们能谅解我在讲日语时犯的错误。但我很快就发现，在日本，从穿着打扮到讲话口音，只要你和日本的小孩子有任何不同，都会成为你被排斥的理由。而且，似乎每个人都和其他人结伴而行，无论是去洗手间还是在课间玩耍，就连小孩子玩的捉人游戏*也被当作一种群体式游戏，一旦被抓住就要和对方手拉手，这样就会是一群孩子，而

* 捉人游戏：一个人或几个人捉其他人，只要用手碰上被追的人就算赢。——编者注

不是一个人。

我感到既困惑又悲伤，每天放学回到家都哭着向母亲抱怨学校里没有人喜欢我。

她建议道："你就试着表现得和其他人一样，别说你会讲英文，听起来让人感觉太傲气了，容易招人嫉妒。"

我父母一直强调：日本是一个伟大的国家，我应该接受它，顺从它，永不质疑它。20世纪60年代末，我们从宁静舒适、绿植环绕的珀利来到了烟雾笼罩的工业城市川崎，从私立学校来到了公立学校，这一巨大转变，可以说是盲目的信仰一跃。

我觉得日本既粗糙又脏乱。在英国，学校大会在室内举办，大家都坐在课桌旁或露天看台上。在日本，早会在室外举行，每个人都站得笔直，面向讲台，老师们在讲台上发表演讲和公告。在炎热潮湿的夏季，学生有时会头晕甚至呕吐。当时看到有人突然昏倒的戏剧化场面，我吓了一跳。而且更令人不安的是，老师和其他学生的反应都很冷漠，他们只是机械地帮助孩子站起来，漫不经心地踢沙子盖住孩子的呕吐物。

我在英国的学校像一座古老的大厦，走廊里的卫生间小而舒适，墙上装了水箱，下面垂着一条用来冲水的铁链。在日本的学校是一栋标准的三层楼高的水泥砖建筑，厕所是坑式，又黑又臭的水池似乎深不见底。孩子们借此编造了各种各样的鬼故事，比如以前这里掉进去过一个幽灵女孩，现在还住在下面。

在英国，课间休息时我们会打磨名为七叶树果的红棕色果实，或者在沥青操场上跑跳打闹，操场上有攀登架和滑梯。在日本，孩子们会玩激烈的躲避球游戏，女孩们就在尘土飞扬的操场上玩来自中国的跳皮筋——一种绕着一根长橡皮筋蹦蹦跳跳的复杂游戏。我讨厌这种巨大的反差，想念我在珀利的房间，现在我和哥哥合住在一间狭小的卧室里，吮吸着从英国带回来的水果软糖，这些糖也变得越来越少了。

由于迫切地想交朋友，我听从了父母的建议，观察大家，学习和模仿他们的言行举止和穿衣打扮。我穿着表姐穿过的廉价棉质裙子和衬衫，上面绣着小花，和其他女孩衣服上绣的一样。"我可以跟你们一起玩吗？"我站在跳皮筋的队伍里，怯生生地问。如果有人对我的反常之处指指点点，我会报以沉默、坚忍的微笑，等待这种时刻过去。随着默默的忍耐，我开始融入其中，正如我父母所说，大家接纳了我。从那时起，这种"顺从并融入"的战略就成了我的行事法则。

所以在应试圈的世界里，这意味着我要做其他年轻妈妈会做的事，把太郎塑造得跟她们的孩子一样。

* * *

今年九月，也就是考试前两个月，我为太郎报了第二所备考学校。这所备考学校以体育备考和一位30多岁的男教师闻名，因其对学生严加管束，母亲们为他颁发了“魅力教练”证书。我尽职尽责地跟着其他母亲，和她们一起抱团挤在教练的车周围，查看 SUV 的型号和他给自己孩子准备的儿童座椅类型。这位老师对学生的管束和孩子们的自律与敏捷令人十分赞叹。如果老师喊：“鳄鱼！”40 多个孩子会立即俯卧在亮闪闪的体育馆地板上，匍匐向前，用前臂支撑着身体向前爬。看起来就像训练中的“小海豹突击队”。除了“鳄鱼”，还有名为“熊”“海豹”“兔子”和“青蛙”的动作，每个动作显然对力量和协调性有不同的要求，以供考官评估。

刚开始上课不久，太郎就试图让其他孩子跟他一起胡闹，在他应该站直、等待下一个命令的时候摆出各种愚蠢的姿势。换作在日间托儿所，班里有这样一个活宝，总能让他的朋友们哈哈大笑，但在这里，没人被他吸引。老师问他：“弥太郎君，你想和大家一起练习吗？你准备好加入我们了吗？”“魅力教练”的语气很平静，但在一大群人面前被单独问话，似乎让太郎受到了打击。他僵立在原地，勉强点了点头，眼里涌出了泪水。坐在看台上的家长观察区，我为太郎的窘迫而感到痛苦，同时也为自己感到尴尬。

这所体育类备考学校给了我一张清单，上面写着太郎应该掌握的 60 件事。其中包括有节奏地跳绳、连续翻筋斗、连续 20 次抛球，还有一些更复杂的特技动作，比如拿着一个盛着球的勺子在平衡木上走。此外，为了展现出良好的家教，太郎还要学会如何在叠睡衣的同时手工熨平皱褶，如何将垃圾分类回收，如何拧干湿手巾上的水滴，如何用衣架挂衣服，如何打蝴蝶结。太郎能勉强打出松散的蝴蝶结，但是也能看得出形状。据说有些学校要求学生掌握这样的技艺。一位绝望的母亲在一个专门讨论入学考试的网络聊天室里说，她的儿子还没有学会如何把围裙系在背后。“我们已经试了好几次，但每次都失败，觉得非常气馁。”看到这位母亲的困境，另一位善解人意的母亲分享了成功的喜悦：“我儿子也做不到，所以我们一直在努力训练……就在昨晚准备晚餐时，他跑来帮忙，突然穿上了围裙。我心想‘不可能吧’，但我往他身后一看，蝴蝶结系得好好的。我感动坏了，赶紧抱住他。”只有在这个疯狂的应试世界里，围裙才能激起大家如火般的热情。

一天晚上，“樱花”的校长竟然给我打来了电话。

“我刚拿到明天考试的题目，”她气喘吁吁地说，“现在就传真给你。”

我大吃一惊。在校长的督促下，我为太郎报了名，同意去参加一个两小时的全国性入学考试练习。但这不是为了衡量太郎目前的弱点和强项，以便我们制定学习战略吗？如果事先看到考题，岂不是有悖初衷吗？更何况，这不是作弊吗？从她的语气中，我感觉得到，她希望我对此满怀感激和喜悦之情，所以对于在事先拿到考题的情况下参加考试这件事，我尽可能有礼貌地提出了疑问。校长解释说，她担心如果太郎有太多题目答不上来，他可能会调皮捣蛋，引发混乱，对“樱花”造成不良影响。在公寓狭小的书房里，我在传真机前来回踱步了几分钟，不知该如何是好。然后，在难得的清醒时刻，我恢复了理智。我当然不应该把题目拿给太郎看。我们教育孩子为人诚信时，要保证不破例已经很难了。面对一个还没开始上学的孩子，我为什么要去教他作弊呢？

“这只是一次练习，”我告诉太郎，“所以就算不知道正确答案也没关系的。把你会的题目都答了就可以。”

第二天一早，我们来到了东京上智大学。我们看到了数百名家长和孩子，其中许多人穿着考试专用的制服。我们被告知要带孩子去指定的演讲厅，找到他们的座位。到了演讲厅，我看到一个小女孩在哭泣，旁边是她怒气冲冲的母亲，试图哄女儿坐下。看到两人之间的气氛越来越紧张，而母亲的挫败感让女儿变得更加不安，我感到很难过。

“考试的时候，不要踢你前面同学的座位。”我告诉太郎。

等孩子们在这间可能是他们见过的最大的教室里坐好之后，家长们被带去了一个礼堂，听一名前私立学校教师讲如何填写申请表和分享面试技巧。离开时，我收获了几条不错的技巧，一个是先用淡色铅笔填写学校的申请文件（最好是手写），然后再用钢笔在草稿上描一遍，晾干并擦去多余的铅笔记号。这样就可以避免用钢笔写字出错没法改的情况。这位老师还建议，单身的父母带孩子去学校面试时，应第一时间坦白自己的身份。

她说："最好在就座之前就讲明你已经离婚了，所以只能独自来面试。"

考试结束后，家长和孩子们从校园里鱼贯而出，回到了当地的火车站。看到在压力如此大的环境中，孩子们看起来都很正常——健康活泼，跑来跑去地玩耍，结交新朋友，我松了一口气，觉得很佩服他们。太郎向我承认了错误，他和另一个小男孩（他认识的新朋友）因为在休息时间过后没有尽快安静下来而受到了批评。

"老师说'你再不安静下来，我就把你送回去'，但我和那个小男孩说'我们知道她不会那样做的'。"太郎告诉我。

两周后，"樱花"的校长递给我一个牛皮纸信封，里面装着考试成绩。因为给我传达的是坏消息，她的眼睛里流露出同情和不安。

她说："这次的成绩虽然不太理想，但还有时间。"太郎在1381名考生中排名第1363位。几个月后，他又参加了一次模拟考试，结果更糟，在1621名考生中排名第1615名。

在第二次考试中，太郎的艺术类题目只得了两分，满分是30分。题目要求用两张纸做一枚奥运会奖牌。每张纸上都印着一个圆，其中一个圆稍大些。较大的那个圆是奖牌的边缘部分。另一个圆是奖牌本身，应该剪下来贴在边缘部分的上面。太郎沿着奖牌边缘的轮廓涂上了红色，用蜡笔在圆圈的内外乱七八糟地画了好多线条。在他做的奖牌里，他画了一个正在踢足球的男孩子，画法粗糙，但可以清楚明白地看出画的是什么：一个穿着蓝色衬衫、双腿像棍子似的男孩正在踢一个黑白相间的球，背景还有一条绿色波浪线，像起伏的山峦。太郎还在奖牌顶部用胶带粘上了一条绿丝带作为链子，可是他没有抽出时间把奖牌剪下来，把它和奖牌的边缘部分粘在一起。就算这样，难道他的努力只配得到两分吗？考官可能看到的只是一幅草率的图画，毫无比例和透视可言，而且还是个半成品。当时我同意老师的看法，对太郎的失败感到绝望：他就不能把颜色涂在圆里面吗？为什么小男孩没有脚，也没有头发？但多年过后，当我看到太郎的画时，我明白了太郎当时想象的是穿着蓝色球衣的自己，在东京北部山区的夏令营踢足球。画中的男孩笑得很开心，嘴唇画了两次，先是黑色的，然后又涂上了红色。

* * *

每年的夏季和秋季，私立学校都会举办校园参观活动。“樱花”建议我们早点过去，记得带上拖鞋，在登记处签到的字迹整洁些。九月，我去参观了私立小学。大约有 1000 名家长坐在礼堂里，旁边零星地坐着几个孩子。一些家长表示，他们希望带孩子过来亲眼看看学校是否合适，但包括我在内的多数家长是不会带着孩子来参观的，因为担心他们会在身边吵闹。在参观过程中，学校可能会进行观察和预筛选，也可能不会，但肯定会注意到哪些孩子不守规矩。学校给我们放映了一部夏季避暑营的影片，校长还发表了讲话，讲述了学校的历史和校方对每个孩子的承诺。之后就是问答环节。在日本，问答环节通常古板而无趣，因为那些让人太过显眼、或者在崇尚谦逊的文化中显得太过前卫的问题，人们是不会问的，所以果不其然都是一些礼貌性的询问。然后有个女孩，一看就是五六岁左右的潜在考生，站起来对着麦克风一字一句地问："你们有书法课吗？因为我喜欢书法。"

我怀疑自己是观众席上唯一一位因为联想到一个孩子安静地用毛笔写字，而气得胃里翻江倒海的人。她刚刚提高了我们所有人的询问门槛。

在考试前的最后两个月，我把太郎在"樱花"的课程增加到每周三个下午，为笔试、手工艺和面试做准备，然后在周六继续上体育课。"樱花"校长对我做出的经济贡献十分满意，还向另一位母亲施加压力，要求她提高孩子上课的频率。她指着我说："槙原女士来这里的时间比你晚，所以她现在一个星期都会来上三次课。"

在工作日，我通常靠母亲和保姆帮忙接送太郎去补习班。然后当我能勉强挤出一点时间，就会在一堂课的结尾时冲过去，那时老师会总结白天的课堂内容，并给家长们提供一些建议。

“不要背这么大的包去考场。”一位老师指着我的公文包对我说。深蓝色或黑色的手提包和托特包更合适一些。“樱花”的校长建议在考试前这段时间，太郎最好不要再去日间托儿所了。她解释说，很多孩子在考前冲刺时都是全天候学习的。

“而且你懂的，日间托儿所不怎么被人看好的。孩子们在那儿只会瞎玩。”她边说边挥舞着双手强调日间托儿所的混乱。

她强化了人们对于日间托儿所的刻板印象——那里专为有工作的母亲们服务——混乱而简陋，完全比不上为更有教养的孩子和全职母亲开设的私立幼儿园。但考虑到我是全职工作，退出日间托儿所是不可能的。

太郎并没有注意到为人父母的谨慎考虑，只是顺从地让我们载着他往返于课堂之间。“樱花”里有一个装满了各种玻璃制小动物的盒子，作为奖励，孩子们每天下课后可以从里面拿一个回家。每次太郎总要左思右想，花上几分钟仔细研究这个“小动物园”。我的母亲，太郎的外祖母，每次来接他都会带他去附近一家日式传统点心店，吃豆沙甜点，搭配日本绿茶。到了周末，我会骑自行车载着太郎穿越漫长的山路，上山去体育学校。尽管如此，他依然是一个快乐的孩子，会给我加油打气，有节奏地对着我的踏板喊：“加油，加油，妈——咪！”或者“向前冲呀，妈——咪！”同时用小手紧紧地搂着我的腰。

* * *

“是不是很有趣？我正忙着申请的学校有 12 所呢。”在体育补习班上认识的一位母亲告诉我。那是在考试前一个月左右，孩子们正在上体育课，我们在附近的丹尼餐厅喝咖啡。申请学校的工作量很大，因为大多数申请都需要父母写一篇自荐文章，并提供详细的家庭背景信息，而且所有的文件都必须手写，不能有一点书写错误。压力正向我身边备考的母亲们迫近，在我看来，其中一些母亲采取的措施已经濒临“樱花”一直回避的精神危险区。一次课后辅导，老师教导认真听讲的母亲们，都有哪些考试当天推荐携带的护身符——这在迷信的日本文化中无处不在。从寺庙的普通护身符，到过去保佑整个家族的奇怪物件，如茶壶盖，应有尽有。简直难以置信，我竟然能忍到结束，听大家严肃地讨论怎么在考试当天把茶壶盖带进考场，还付了钱。但如果把真实想法表达出来，大家肯定会认为我疯了，因为我没有尽全力去探索每一条可能会成功的道路。还是坚持我的行事原则吧——顺从并融入。

考前不久，手工艺老师跟我们讲 :“请各位牢记，这些孩子们才刚来到这个世界短短五年而已。如果他们失败了，请责备你们自己。”我被这番话触动了，快要哭出来，但是其他妈妈的反应却充满了敌意。

“她在说些什么啊？”大家通通抗议，怀疑这位年轻的女教师准备逃避失败的责任。在“樱花”的面试准备环节，一位老师让孩子们说出他们早餐吃了什么。

“我吃了胡椒牛肉。”其中一个孩子回答。

这个回答曝光了母亲热的是昨晚的剩菜的真相，令老师感到很不满意。

“我吃了酸奶，猕猴桃和面包。噢对了，还有梅干，还有芝士。”太郎回答。

“这才是丰盛可口的早餐啊，各位，”老师赞不绝口，“学校会认为‘这才是称职的好妈妈’。”我感到红彤彤的脸庞温度不断上升，沉浸在被老师当着整个屋子的全职母亲的面表扬后的满足感中。我想让全世界都知道，一个单身、有全职工作的母亲同样能够培养出强大的小应试者。老师还问到母亲什么时候会责备他们。她举了一个反例，一位孩子的回答是：“当我吸了一口妈妈丢在烟灰缸里的烟头时。”

“妈妈什么时候会表扬你呢？”老师继续提问，指着一个男孩子说。

“通过入学考试的时候。”孩子说。

后来我在家里也问了太郎同样的问题。他提高嗓门，用得体、正式又礼貌的态度回答：“当我对早餐的问题做出正确的回答时。”

学校的申请表问到了孩子们的优缺点，以及家长们选择这所学校的理由。我描述了太郎对图书和户外运动的热爱，还提到了我们与这所学校的关联之处，我父亲是这所学校的毕业生。（虽然我发现这所学校是出了名的不对校友的孩子开方便之门，比如董事会主席的一名亲属的入学申请最近就被拒绝了。）我还开诚布公地写了家庭背景。没错，我离婚了。最重要的是，太郎是我收养的儿子。“樱花”的校长看了我们的申请材料后，建议我删掉关于离婚和领养的内容，因为学校一般不会用积极的眼光看待这些事。我知道领养孩子会被视为糊涂之举，已经不再在日本和人谈论此事，因为，我发现人们要么很尴尬，觉得他们从我身上挖出了一个黑暗秘密，要么把我当成一个想拯救孩子的行善者。

“你是在非政府组织工作吗？还是其他什么机构？”当我向太郎日间托儿所的主管解释他的身份背景时，她问道。关于离婚这一点，我妥协了。我修改了申请书上的措辞，只说我和太郎单独生活在一起，但保留了领养的内容，就这一次，我不想在乎其他人的看法。如果学校因此拒绝了我们，那就随他的便好了。我从来没有忽略过的一个事实是，收养太郎是我们家族历史的重大事件之一，我们大概也不会因为进入一所无法接受太郎养子身份的学校而感到开心。

* * *

“考得怎么样呀？”私立小学入学考试的第一天，等孩子们列队回到礼堂后，我问太郎。

“简单啦。”他说。我心头一沉。这次考试绝不会那么简单，太郎肯定没看懂题目说明。唯一能从他那里得知的考试细节是，老师要求孩子们在考间休息时做折纸手工，然后他折了一个“农民”。两天后，我们回来参加考试的第二部分：家长访谈和儿童小组活动行为测试。最初的集合点在学校餐厅，里面挤满了数百名穿着得体的孩子和母亲，这一次都有丈夫在旁做伴。大家都为了这个重要的日子全员出动。我不知道太郎是否注意到周围人都是一家三口，只有我们是两个人。我碰巧遇见了一位母亲，是我工作的度假村雇佣的公关公司的职员。我耐着性子看完了她做的几份幻灯片。她穿着一套深色西装，身旁站着英俊的丈夫和一个沉稳自信的女儿。我们彼此礼貌地笑了笑，什么也没说，但大量的情报在我们之间传递——**所以这段时间里，你也一直过着双重生活，送孩子去备考学校，准备考试。现在，我们是竞争对手了。**

孩子被领去考场后，家长们被安排到教室的座位上等候面试。轮到我的时候，我打开面试室的门，震惊地发现坐在另一端的三位男老师看起来竟然那么年轻。之前在准备考试的时候，我已经习惯于从太郎的视角看事情，开始像尊重长辈那样尊重老师。公开了自己的“高龄”之后我放松了下来，导致讲话时可能有些过于坦诚了。

“我看这上面说太郎喜欢踢足球。”其中一个老师盯着我的申请表说。

“你是和他一起踢吗？”他继续问。

“不是的，我把他送去专门的足球场和其他孩子一起玩。”话音刚落我就后悔了，觉得这会让我听起来像放养型母亲。

不过下一个问题时，我又努力恢复到了最佳状态。

“抚养太郎，您有哪些顾虑吗？”一个老师问道。

“他需要变得足够坚强，在社会偏见的夹缝中生存下来，”我说，“但因为他的身份背景，我希望他也能做到理解他人的痛苦，更加宽容和友善。”

面试结束后，我们在教室里等着孩子们考完试被带回来。“快停下来，你这样很危险。”我们无意中听到老师在训斥一个孩子。后来太郎告诉我是他干的。他一直在拉扯自己名牌的带子，假装那是一个绞索，装出一副好像要窒息的样子。

两天后，我又去了趟学校，这次是我自己去的。申请成功的学生名单被贴在了校园入口处的一块大玻璃板上。当公交车驶近学校时，我看见几个母亲一脸严肃地走在街上，其中有人泪流满面。另外一些人则拿着大信封——这是胜利的标志啊——因为信封里装的是入学通知书。那是一段超现实般的路程，我从欣喜若狂和沮丧失望的人们身边走过，避开了和他们的眼神接触，好为他们的喜悦和悲伤留一些空间，以示尊重。我听到一位父亲对女儿说：“恭喜你，明天你可以回幼儿园重新念了。”

害怕知道最终的结果，我抬头看向了玻璃板。就在那里。

那是太郎的考号。为了确认，我还用手机拍了照片。就这样，我们莫名其妙地考上了这所小学，而我永远也不知道为什么。我感到如释重负，喜出望外。但这种喜悦很快变成了一种挥之不去的担忧。我到底做了什么？

2005年12月30日

昨天我弄到一个两厘米的贝壳。我把它洗了洗，很美。但是我也有其他的石头和小贝壳。我洗了一个圆贝壳，但里面摸起来还是有沙子。我是这样找到这些贝壳的。首先站在海边等海浪，等到海滩上的沙子被海水冲散，像搅拌后的味噌汤一样时，就可以看到好多石头和贝壳。然后你要迅速抓住它们。当我抓到一个，我就说："耶！"然后拿去给妈妈看。她说想用它做一条项链。我说"好呀。"

跨过门槛

2005年4月6日

今天是太郎第一天上学的日子。有112名通过考试的小幸存者穿上了盼望已久的校服。男生穿深蓝色的普鲁士领夹克，配短裤和帽子；女生穿深蓝色水手服上衣，配红色蝴蝶结和百褶裙。在这个和煦温暖的春日早晨，孩子们聚集在一起，男生和女生手牵着手，穿着笔挺的新衣服，沿着一条种满樱花树的小道走向礼堂参加入学典礼——标志着他们新生活的开始。现在他们每周一到周五都要上学，夏天放假一个月，春天和冬天分别放假两周。一年级的新生们在柔和的粉色花海下列队前进，高年级的学生站在小路两旁为他们鼓掌欢呼。当孩子们步入大厅时，六年级的管弦乐队奏起了《威风堂堂进行曲》*。

校长在欢迎致辞中说："这些樱花盛开得如此灿烂，仿佛是

---

* 《威风堂堂进行曲》(Pomp and Circumstance Marches)，是英国作曲家爱德华·埃尔加(Edward Elgar)在1901年至1934年间创作的一组管弦乐进行曲。其中最著名的是《第一号进行曲》，常被用作美国高中的毕业进行曲。——编者注

在等待各位的到来。”学校分四个班：“东”“西”“南”“北”。太郎在一年级的“南”班，班主任是森町老师。这是位 40 岁出头，说话轻声细语的中年男人，一头卷发，戴着一副金边眼镜。在通风敞亮的教室里整齐排列着许多单张课桌，森町老师用歌声欢迎这 28 位新生的到来，用一把吉他为自己伴奏。然后他给大家传阅了一个小盒子。

森町老师接着说：“如果你小心地打开盒盖，就会看到老师喜欢的人的样子哦。”太郎朝盒子里瞧了瞧，笑了，他在盒子里的小镜子中看到了自己。

开学几个月后，家长们参加了一年级新生的首届家长会。我穿上平常的那套灰色带褶套装，乘坐火车和公交车去学校。快到学校时，我仔细环视四周，寻找着身穿正式深色套装的女性。谁会是我潜在的朋友或盟友呢？又该提防谁呢？一个由 112 位母亲（这种场合一般很少会见到父亲）组成的俱乐部正在成形，而对稳固地位的争夺已经开始。在从公交车站到学校门口的车道上，我接触到了几位母亲。我们先是对视了一眼，接着微微点头，露出恭敬的微笑。这就是建立关系的开始。而孩子们的名字就是母亲们的自我简介。

“我是槙原弥太郎的妈妈。”我肯定会这样开头。日本有句谚语说：“真正有能力的老鹰是把爪子藏起来的。”这些母亲都很聪明。所以大家相互问候后，她们纷纷开启自嘲式的介绍，比如“我儿子很任性的”，或者“你简直没法相信，我女儿做什么都爱开小差”。这些对我来说都不算太难，因为我可以很诚实地说：“我不知道太郎是怎么通过考试的。”更棘手的是我还要贬低自己的职业生涯。在座只有寥寥几个母亲有工作，她们在自我介绍时都提到，工作可能会妨碍自己履行身为家长的职责，对此她们感到很抱歉。

“我是有工作的，所以为此很担心。”几位母亲急切地说道，语气中透露出想结成某种联盟的意愿。我本想加入她们几位的小团体，但要用那种忧虑不安的语气讲话，我实在开不了口。在日本，我低沉的嗓音加上高于平均水平的身高，自带一种简单直接、自信的气质。尽管我想顺从并融入其中，我为有一份工作做出的道歉也一定听起来很冷淡，远不能令人信服。

在所有人都在礼堂集合之前，屋子里嗡嗡地响着母亲们互相探听时发出的闲谈声。其中有一群母亲特别放松自若——她们的孩子早就上高年级了。她们坐在前排，一副因为来了太多次而觉得无聊的样子，一直闲聊，直到老师责备道：“请各位安静点儿好吗？”

这群人让我印象深刻，我羡慕她们不怕挨骂的胆量。

* * *

由于担心我们因为孩子成功入学而太过开心，校长敦促大家不要忘记那些运气不是特别好的家庭。学校的录取率一直在八分之一左右。“请在座的各位家长谨记，我们提供的录取名额有限，很多孩子都被拒之门外，”他说，“如果他们有机会入学，一定会勤奋努力地学习，请各位像他们一样拼尽全力。”对于我们为此而进行的仓促补习和遭受的痛苦，他既没有赞扬，也没有表示祝贺。我对学校以斯多葛式的坚忍风格欢迎我们到来而感到惊奇，但很快就会明白这是学校在工作时秉持的价值理念。我们都被当作是这所令人自豪的学校的大使，不应该表现出任何不庄重、轻浮的行为。过去的成就永远不够好。永远有更多的东西需要我们学习。我和太郎谦卑的小学生活就此拉开序幕，在这个过程中，不论孩子还是家长，都会被不断地提醒自己有多少不足之处。

接着是入学材料。在第一次家长会上，我们拿到了一叠打印材料，详细说明了孩子在校内要注意的各类事项，从在室内运动鞋的哪个位置（竖着写在鞋头中间还有鞋跟中间）上写孩子的名字，到如何阅读学校的四色表格日历。上小学的这几年，家里堆满了大量文件，我每天都要把它们分类归档，以便及时了解学校的活动、学生的目标和家长的职责。

这些材料里，大约有十来份定期发放的内部通讯和宣传册，内容涵盖了从图书馆最新的图书到校友的辉煌业绩等。每个学期期末会发放《学校与家庭》，报告每个年级取得的成绩，还有给家长们的严肃建议，指导孩子该如何度过假期。比如关于手机的这一条：“如果你给了孩子一部手机，我们希望你也能教他们如何健康地使用手机（义务和责任）。”老师们每个月都会为各个年级写通讯，说明该年级的课程和学习目标，并提醒学生们当月的主要活动，比如全校运动会的时候，家长们该给孩子带些什么去学校。此外，四名班主任还会经常、甚至每天给全班同学写简讯，里面有老师的感言和学生优秀作文的复印件。

太郎上二年级时，有一次我去参加家长会，才了解到所有课程背后充满野心的人生态度。有一个板块主题是“我们想要培养出这样的孩子”，上面列出了以下四条描述：“一个可以主动问候他人的孩子”“一个诚实交际、和他人友好相处的孩子”“一个可以谨慎承担责任的孩子”和“一个从‘理解力、潜能和尽心生活’中努力找寻快乐的孩子”。

《健康通讯》是每月公报，内容主要是与身心健康相关的问题，比如：如何避免脱水，如何预防食物中毒，有关流行性传染病的信息和基本的急救知识等。学校喜欢健康活泼的孩子，大多数学生也如他们所愿：几个和太郎同年级的学生在小学整整六年的时间里没有缺过一堂课。整个年级只有一个孩子超重。《健康通讯》鼓励家长和儿童保持警惕性和能动性，里面有各种数据，比如不同年级的流感病例数量的条形图，或是本校学生的身高和体重与全国平均水平的比较结果。学校会密切监视孩子们的健康状况，每年都要进行体检和牙检，包括心电图检查。森町老师每天早晨都会检查学生的体温，用一种他声称万无一失的方法——把手放在孩子额头上试温。不久后他告诉家长，就在这个过程中，孩子们开始做一件事，每当把额头探出来接受检查时，他们都会使劲做出最滑稽的表情：对着他皱鼻子，吐舌头。

《午餐通讯》每月发放一次，会介绍学校的每日菜单。在这所学校，午餐是一件非常重要的事，每天早上由员工在厨房里准备好，然后盛在陶瓷餐具里端上来。通讯上会附上食材的营养价值和采购来源。同时还有当季的水果和蔬菜说明及其对健康的好处，并为家长和孩子在家的饮食提供了食谱范例。午餐包括一份热主菜、一份蔬菜还有甜点——通常是水果。这是寻常一天的菜单：

> 五谷饭，肉汁汉堡，新鲜沙拉，水果和牛奶。有助于强健骨骼、长身体和增强血液循环的食物（牛肉、碎猪肉、鸡蛋、牛奶）；提供能量并增强身体力量的食物（米饭、面包屑、黄油、橄榄油、糖）；有助于身体健康的食物（洋葱、蘑菇、黄瓜、生菜、南瓜、胡萝卜、葡萄干、柠檬、水果）。

菜单上还列出了生产这些食物的农民的名字，并附上一条信息：

> 让我们一起认识到食物的重要性，不要剩饭。

最后一行与其说是建议，不如说是命令。孩子们要吃完盘子里所有的食物，除非过敏。有一次，我看到一个小女孩和她的老师面对面地坐在一张桌子前，她眼含泪水，面前放着半盘抹了黄油的胡萝卜。老师双肘撑着下巴，坐在那里盯着她慢慢地、一勺一勺地把蔬菜咽下去，小女孩一边哭一边作呕。在菜吃完之前，两个人谁都不能离开。幸好在吃东西这方面，太郎没有什么问题。他没有过敏，除了煮虾、茄子、青椒和蘑菇，什么都喜欢吃。当初还在学走路的时候，他就会盯着东京餐馆橱窗里展示的塑料食物模型，细细琢磨每道菜会是什么味道。

2006年7月4日

现在，我好紧张呀。一年级“南”班的三个孩子拿了两份菠萝。我超爱吃菠萝的，很想吃两份。所以我感到很紧张，吃得非常快。等我回头一看，发现其他人仍然在慢慢地吃着。我还没告诉任何人。因为如果只有一个菠萝，肯定不够吃。唉，运气不好，没有第二份了。但我是第一个吃完的。

学校每年都会邀请家长来学校品尝一次午餐，并且参加学校营养学家的讲座。

其中有一年，她自豪地告诉我们：“我们切了40公斤卷心菜。”并且向我们说明她和职工们每天给学生和老师做800份饭，而且所有步骤都是纯手工完成，不用食品加工机。

营养师说："机器会让食物里的水分损失，味道变淡。"她强烈要求我们在家也坚持手工做饭，还声称，每个孩子都应该能够说出最喜欢母亲做的哪道菜。

"咖喱米饭，"我听到太郎告诉他的朋友们，"妈妈她会从冰箱里拿出一块放在平底锅里加热。"

不，不，不要再说了！我想打断他。一般我都会亲自从头开始做咖喱，把洋葱、香料和其他蔬菜一起煸炒，然后加入鸡肉和咖喱粉。太郎之前看见我拿出来的只是一堆吃剩的冷冻咖喱。不过我确实是用食品加工机切蔬菜的。

学校写给家长最多的信件就是提醒我们该给孩子带什么去上学。比如暑假后的开学第一天，孩子们应该带：室内校服、室内鞋、校园锄草用的棉手套、擦汗用的毛巾。孩子们进入校园后换上的室内校服，是深蓝色短裤和指定颜色的马球衫（白色、黄色或浅蓝色），胸前的左上方缝着一个白色标签，上面写着名字和班级。我还记得有一天，我们被要求给孩子准备抹布，用来擦桌子和柜子。虽然清洁工已经做了细致的扫除，学生还是要在每天放学前整理和打扫教室。通知单上还附了一份示意图，准备的抹布最好是五厘米宽，带环，可以挂在钩子上，抹布左下角写上孩子们的名字。为了经久耐用，抹布的缝线应当呈交叉状。我是一名手艺生疏的裁缝，几乎从去美国之前在日本小学的家政课起就没怎么拿过针。其他母亲可以轻松地缝好这些东西，是因为她们在学校时就一直在磨炼技能，并且十分珍视家庭主妇这门艺术。我觉得自己不应该偷工减料，煞费苦心地用一块旧毛巾来缝制太郎的第一块抹布。后来我发现当地沃尔玛商场里卖的一款毛茸茸的白色抹布跟学校要求的一样，之后便一直在那里买了。

到了六月份，学校开放了游泳池，我们收到通知，要帮孩子们准备一件泳衣、一顶泳帽、一条毛巾和一个塑料袋，全部放在一个指定的黄色双肩包里。孩子们的指甲要修剪整齐，耳朵应该清洗干净，并且保证高质量的夜间睡眠。我们还必须在早上测量孩子的体温，并记录在表格里带去学校。我本可以轻易地骗过学校，每天在表格写下 36.8℃左右的温度，但我不想让太郎觉得撒谎是件没什么大不了的事。所以在泳池日当天的早餐时间，我会用耳温计快速戳他一下。

小学一年级的郊游是去当地的公园野餐，家长需要按照清单准备七样东西，如午餐、水壶、野餐巾、垃圾袋和纸巾等。等到了五年级，准备清单上的东西渐渐增加到了 43 样，因为孩子们要出去游玩六天五晚，除了衣服和书籍，还要带晾衣服用的夹子和驱虫喷雾。过夜旅行的指示每次都有几页纸长，内容包括房间分配、时间表（具体到每小时）、菜单和地图。我在公寓的走廊里给太郎配了一张狭长的桌子，专门用来堆放他的个人用品。桌子上长期摆满了衣服、书籍、文件夹、笔记本和各种各样未完成的作业，这些作业都是按照需要带去学校的日期来整理的。每天我都会根据学校发的课表来帮太郎检查东西是否带齐。

其实这些事应该由太郎自己完成。学校一开学，老师们就引导着孩子们学会独立，称他们应该精心看护好自己的minomawari——这个词的字面意思是一个人周围的事物，通常指的是个人财物。每天放学前，由学生选出的班长会在黑板上写下第二天要带的东西，孩子们再抄在自己的笔记本上。我很欣赏学校这种自给自足的培养目标，但每天还是会帮太郎准备个人物品，因为知道他肯定会丢三落四，然后被老师训斥。老师们会记录每个孩子忘带东西的次数，粗心大意的学生要承担后果，比如写一篇检讨。太郎上了五年级，有一次他在检讨中写道："我常常因为马虎给别人带来麻烦。但我没办法保证以后这样的事情不再发生。我很感激那些在我忘带东西时把东西借给我用的朋友。"还有一次，老师命令他去校长办公室，正坐反思自己的不足：要背部挺直，两膝并拢，两腿交叉于身体下方，双手放在大腿上。对太郎来说，这些惩罚从来没有起到应有的威慑作用。他默默忍耐着这些暂时性的不适，只需静候结束即可。

同样让人心生不悦的是把东西落在学校，不论这件东西看起来多么微不足道。每年两次，学校会把失物招领处的遗失物品清单打印出来，并把清单摆在桌子上供人检索。遗失物品从普通的毛衣、书包到橡皮这种小物件，甚至还有绑头发的橡皮筋。重点不在于丢失物品的价值，而是孩子们这种粗心大意的行为。为了确保用同样的标准要求家长们，为孩子们树立良好的榜样，学校还整理了一份单独的清单，命名为“这些都是父母丢的吧”，里面有打火机、珠宝，甚至还有杂志。如果有谁从那张桌子上拿走了属于自己的东西，说明你或你的孩子是个漫不经心的人，没能正确地在物品上标好孩子的名字，也没能妥善保管自己的财物。帮太郎标名字这件事我一向做得不错，但有一年我不得不去认领一根筷子，因为它实在太细了，我根本没法下手刻字。我太渴望融入这个圈子了，所以不敢把筷子留在那里。也许并没有人注意到，可是一旦有人发现太郎拿着另一根筷子，我肯定就暴露了。还有一年，我忍着耻辱在学校里走了一遭，胳膊上挂着六把伞，每一把伞上都有太郎的名字。每当下午雨停的时候，他就把伞留在学校，然后在下一次下雨时带把新雨伞去上学。

* * *

许多孩子都像太郎一样，记不住学校的各种条例规定，所以我们做母亲的必须勤奋地阅读文件，确保孩子上学时装备齐全。只不过有时候这些信息连我都觉得难以应对，我曾经还因为没有正确地遵循指示而受到责备。在一年级学生的烤土豆节，学校会组织孩子们在火坑里烤土豆。所以节日来临前，孩子们要准备好用来烧烤的食材和调味品。而且土豆要用潮湿的报纸和铝箔纸包两层。我原以为太郎只需带一个土豆，另外再带些锡纸和报纸。但其实应该提前把土豆都包好再带过去。烤土豆节后，森町老师在给家长的通讯里表达了失望：他多花了20多分钟帮十个孩子包土豆，还写道："孩子们受到了责骂，但总的来说，家长们的态度似乎有问题。"第二年，当我准备严格遵守最新指示时，森町老师在通讯里说："请参考去年的指示。"我才意识到自己应该保存好每一份带回家里的通知。

2006年12月5日

我走进烟里，把一个松果、树叶，还有大约三根树枝放进火里。现在，我正在找一个烤土豆的好地方。要烧得又红又旺的火炕才能烤出美味的土豆。正当我四处找的时候，我发现了一块好地方。于是我赶忙蹲下来把土豆放了进去。我想着："要等多久才能吃呀？"香甜的土豆埋在灰里，已经看不见了。

大多数老师并没有给出他们的电子邮箱，学校也不鼓励家长给学校打电话。所以为了和学校交流，我们每个人都有一个绿色塑料封面的笔记本，我们称作"绿皮书"。家长们有任何想法和建议，都要写在绿皮书里。由于我觉得自己在"烤土豆节事件"中受到了不合理的指责，于是在绿皮书里做出了如下解释，让太郎拿去给森町老师。

我感到非常抱歉，前几天在烤土豆的时候，没有做好适当的准备，给大家带来了不便。我错误地理解了指示的内容，以为只需要准备清单上的东西，孩子们会拿去在学校里完成包土豆的工作。

我自己对这封恭敬的道歉信很满意，所以迫不及待地等着老师回信，希望他承认确实是他没有说明清楚。我一直没收到回信。后来我发现许多母亲根本不会在笔记本上写东西，因为她们不想记录那些可能会对自己或孩子不利的事情。在切实意识到这一点之前，我一直忠实地按照学校规定，把所有担心都写进绿皮书里。前几页写满了这样的评论："他已经把帽子落在学校三次了。我会和他谈一下记得拿自己东西这件事。"根据其他妈妈的说法，这样的评语会让太郎永远贴上"健忘"的标签，因为整个小学六年这些话都会留在本子上。事实上，当我用完了第一本绿皮本，去学校办公室拿新本时，发现根本没有换本这种事。学校只会在原来的本子中加入新页，就像护照一样，这样所有的评语会一直保留下来。我从未听说过别的妈妈需要加页。

我在使用绿皮本时产生的困惑充分说明，回到日本这么多年，我仍然没有掌握日本文化中那些潜规则的复杂微妙之处。实际上，学校并不想让家长给老师提问题或写评论，绿皮本只是用来走过场而已。就像其他母亲所言，家长们写的意见，尤其是那些有损孩子形象的内容，可能会反过来萦绕在自己的心头。其他家长的笔记本上都是一片空白。

虽然学校的规定可能会让人觉得专横，但我发现，学校给的详细清单起到了重要的作用。这些清单教会了孩子（和母亲）如何成为一个做事情有条理的人。学校还保证，每个学生拥有的个人物品基本相同，反映了日本社会极端民主化的特质。学校里不会出现有学生因戴着别致的除草手套而备受瞩目的情况。唯一能吸引大家眼球的情况，最起码在一年级，是看哪位学生带了普通黄油，哪位带了芝士来作为烤土豆的佐料。至于郊游，学校规定了学生在零食上可以花多少钱。太郎十分欢喜的同时，又满心纠结，盯着商店的糖果货架，绞尽脑汁地想着如何把这 100 日元（约合人民币六元）花得最值。

现在太郎每天下午 3 点就放学回家了，与之前每天长时间待在日间托儿所的情况截然不同。为了能够满足学校的全部要求，能够多点时间和太郎相处，我辞掉了度假村的工作，开始做自由撰稿人，主要在英文专栏上发表一些关于日本生活的文章和从事日译英的翻译工作。幸运的是，我们可以选择依靠这些相对而言要少很多的收入生活。省吃俭用是不可避免的，但不至于流落街头，因为父母是我和太郎的安全网。虽然父亲对我经济不独立这一点一直不满意，但他总会在我需要的时候支持我。父母很快对我的举动表示了失望，但我们是家人，对彼此的忠诚度毋庸置疑。当我告诉父母我打算收养一个孩子时，他们持反对意见，理由是我不具备抚养一个陌生孩子长大的特质，而且我们家族或他们的好朋友中也没有人领养过孩子。

父亲说：“只有基督徒才会去领养孩子。”这让我想起了小时候读过的一本书，关于一个幸福家庭收养了许多孩子的故事。我不记得书名了，但我敢肯定书中的那家人是虔诚的基督徒。我断定自己无法改变父母的想法，于是直接前往哈萨克斯坦去见太郎。我从哈萨克斯坦给父母发了一份传真，不仅宣布了收养的消息，还告诉他们我给了太郎一个家族名。不管他们的真实感受如何，父母立即给我回了传真，说他们非常期待见到太郎。

2006 年 6 月 14 日

昨天晚上我和外公一起洗澡啦。我用手比作一支水枪，对准他的嘴，然后直接放进了外公嘴里。外公说：“我投降啦。”我说：“外公，你也可以拿水枪滋我哦。”于是我和外公来了一场水枪大战，大战后两个人一直笑个不停。

理智地说，辞职并不是一件难以抉择的事情。太郎的成长期只有这一次，也只有在这时具备可塑性，我不想错过。而且我可以写更多的东西，这才是我真正的职业。感性地说，远离了商业正装、会议、演讲和报告，不再坐着头等舱到处飞来飞去，不用再随时查看邮件爆满的邮箱，这一步我走得胆战心惊。我交出了办公室钥匙和大楼的安全通行证，立刻变成了一个必须证明自身存在价值的女人。要是有人问我“你是做什么的？”我现在的回答会是“我是一个母亲”——在日本，做母亲是一种被社会接受的回答，反映了人们对全职母亲所承担的工作量的认可。当然，反过来看，社会并没有鼓励女性走出这一传统角色。

无论如何，留在度假村继续工作的想法变得日益复杂化。正是在这个时候，我开始意识到办公室里有多少人对我怀恨在心。度假村的美国总裁同意支付我在带太郎出差时因照顾孩子而产生的一切费用。所以每当我在东京找不到地方看护太郎时，我都开心地带着他一起出差。可以想象的是，拖着一个3岁的小孩子到处折腾是件压力很大的事情，尤其是太郎总会在飞机上呕吐，这严重影响了坐在周围的同事们。有一次，我拦了辆出租车去度假村，一只手拿着行李包和电脑包，另一只手拿着装满呕吐物的纸袋。一位机灵的员工跑来，拿着一个酒店购物袋，示意我把纸袋扔进去，这样老板的助理就不用提着一个散发着恶臭的袋子走来走去了。但是和太郎一起旅行是一件两全其美的事：我可以在早餐和深夜时见到他，白天则发狂似的工作。我忘了我是怎么发现的，但和我一起工作的其他日本女性（多数没有孩子）都认为，看护太郎支付的保姆费用属于私人需求，是对公司资金的不合理使用。但不论如何，度假村总裁觉得我的工作值得花那么多钱，而其他人则希望他能雇佣一个没有孩子负担的人。我又一次没能注意到这种情况下无言的敌意。在做出任何直接对抗的举动之前辞职，我感到如释重负。

*　*　*

当我们这些做母亲的开始吃力地翻阅着学校下发的文件资料时，孩子们也在摸索着适应新环境。对他们来说，第一个需要克服的困难就是到达学校。按照传统，日本的孩子都是自己去上学，日本的犯罪率之低也让这种做法得以延续下去。大多数孩子上的公立小学从家里出发走着就能到，学校和家长还会安排住得近的孩子结伴而行。这种做法不但增加了安全性，还增进了不同年龄、不同年级的孩子们之间的友谊。私立学校的学生更有可能独自上学，因为他们来自各地，不局限于某个特定的学区。

太郎上小学一年级的时候，我们住的公寓位于东京中部的驹込，而学校位于东京西部，太郎每次上学，需要乘坐两列火车和一趟公交，单程大约 90 分钟。虽然我们家距离学校不是最远的，但通勤时间很长。还有几个孩子上学需要将近两个小时。大多数学生先乘火车，再乘十分钟的公交就能到学校了。学校专门设立了一种制度，来帮助一年级学生逐步适应上下学的通勤过程。第一周，父母会全程送孩子到教室，下午再接他们放学；第二周，父母会陪孩子走到校园门口；第三周，父母只送孩子到学校在当地的火车站；这样到了第一个月的月底，孩子们应该可以自己走完上下学的全程了。我送了四个多星期后才放心让太郎独自去上学。他刚满 6 岁，套在普鲁士制服装，或由白色礼服衬衫、黑色短裤和一顶白色卷边帽组成的夏季校服里，显得非常矮小。因为我给他买的所有东西都是大号的，好等他慢慢长大，更显得他像个小不点一样。太郎有一个黑色的双肩背书包，是日本传统的小学生皮制书包，基本遮盖住了他的背部。太郎真是可爱呀，但也是个脆弱的小孩子。起初，我最担心的是太郎能不能记住路。在那之前，我从不允许他独自离开公寓的前门。现在，6岁的太郎每天要穿梭好几条街，从家走到本地的火车站，搭乘拥挤的火车后在新宿换乘——世界上最繁忙的车站，每天有350多万的通勤者途经这里。然而仅仅知道一条路线是不够的，因为火车可能会晚点或被取消。在这种情况下，相关的换乘指令会在列车的屏幕上公布出来，但6岁的孩子是无法看懂这些信息的。一天早上，由于信号故障，太郎去学校的火车慢了下来。我当时正在新宿站为太郎送行（有时为了减轻焦虑，我会这样做），就送他上了另一列火车。那天他的几个同学都迟到了，其中一个同学骄傲地宣称自己和其他乘客一起沿着铁轨走路前行。

开学后不久，我遇到一件事，让我的焦虑指数急剧上升。一天早晨在新宿站，一列火车驶进我们对面站台，鸣笛并在进站途中停了下来。

“离我远点！”就在我前面几米的站台上，一个年轻女人喊道。有两个男人抓住了她的手，以免她跳到铁轨上，而她正试着挣脱。我赶紧走到太郎面前挡住他的视线。最后两个男人成功阻止了她，让我们免于见证一场血淋淋的自杀。我知道这样的撞车自杀事件曾发生过，但不知道会如此频繁。据政府统计，太郎上下学的这几年，每年大约有600起自杀事件，几乎每天两起。现在好了，我的担忧里又多了一项："太郎可能会看到有人自杀。"

一天，太郎屏息凝气地告诉我，他在新宿的一个投币电话里发现了一枚100日元的硬币。他说，当他走向一位车站工作人员，打算把钱交给他时，"一个穿淡蓝色衬衫的叔叔对我大喊了几句很难听的话，然后我跑去了四号站台"。我猜测，太郎可能是目睹了车站工作人员和这位心烦意乱的大人之间的争吵。令人宽心的是，这位"穿淡蓝色衬衫"的男子并没有鲁莽行事，比如动手去打太郎。私立学校的孩子们都穿着统一的校服，每天都走同一条路线，坐在同一节车厢里，很容易被认出来，却并未发生过一连串的绑架案，让人觉得挺不可思议的。但凡事都会有"第一次"。日本是世界上犯罪率最低的国家之一，可是这不代表没有犯罪事件。太郎开始独自上学前不久，一名7岁的女孩在从当地一所公立学校步行回家的路上被诱拐，后来人们在奈良县的路边沟里发现了她的尸体，那里位于东京的西南方，距离约370千米。许多公立学校都给学生发放了警报器，这个装置只有奥利奥饼干那么大，学生们把它挂在脖子或书包上。太郎的老师明令禁止学生使用手机——除了定位功能，这样家长就可以追踪孩子的位置。学校还专门设置了安全系统，家长们在孩子到校或离校时会收到短信提醒。

虽然忧心忡忡，但我觉得有必要告诉太郎不是每个成年人都值得信任。我教过他，只可以向车站的工作人员请求帮助，还向他解释我不能把他的名字写在书包外面，因为“坏人”可能会喊他名字诱拐他。太郎有一部手机和一张充过钱的电话卡，都藏在双肩包一个带拉链的隔层里，好在紧急情况下使用。我实在不敢想象太郎一个人蹲在人来人往的站台中间，课本和铅笔盒摊在周围的地上，在背包里四处翻找的样子。我有时会看到穿着学校制服的小孩子这样做，沉浸在他们纯真而易逝的世界里，周围是人山人海急匆匆赶路的上班族。对于大地震的恐惧也总是萦绕在我的脑海中，有人预言大地震将会在某天袭击东京。这种级别的灾难会使所有铁路线停运，即使太郎在一开始的地震中幸存下来，他也可能被随后而来的恐慌所吞没。

太郎没注意到我无止境的担忧，每天早上 6 点半准时蹦蹦跳跳地走出公寓大门，穿着崭新的校服，脸上满是骄傲。当我骑自行车跟在后面送他去车站时，他会转过身来好几次，冲我挥挥手。对他而言，这种新得到的、可以在大城市里独立行走的自由着实令人兴奋。太郎在东京能够体验到这种高涨的自由感，我很开心；大多数他在美国的朋友都不能享有这份自由，因为他们的家长，还有很多时候是当地政府，会认为让孩子们独自在外闲逛很不安全。当太郎要乘坐的火车到站后，他会迫切地四处寻找车上的同学。一旦扎了堆，男孩们会一起在雾蒙蒙的窗户上练习写字、猜拳和互猜谜语。

2005 年 11 月 25 日

我每天早上坐的第一趟火车是山手线*。等车时，我会和妈妈一起玩手指游戏†。如果我的朋友在那儿，妈妈就不上火车陪我啦。今天荒川君不在火车上。像往常一样，我正准备去换乘中央线的时候，一个大人竟然吐了。所以我就跑远了些。这时，我在卓线上看到了佐藤君。我们拿起我的帽子，玩起了游戏，猜帽子藏在哪只手里。

太郎开始上学的几个月后，有一次，我在新宿站把太郎送上车，正准备回家时，我那趟火车停靠在了一个站台上。半小时前，一名男子在那里跳向了迎面而来的火车。那名男子的尸体被人用布包裹着放在了站台另一头的担架上。我扫视了一下车站四周，想看看人群中是否有戴着白卷边帽的、无助的小孩子。还好没有。但我实在受够了每天都要为太郎的上下学担惊受怕，于是决定搬到离学校更近的地方。

---

* 山手线和中央线是东京的两大主要通勤铁路路线。山手线环绕着东京中心运行，中央线连接东京市中心和西部都市区。

† 用手指做加法和减法的手指游戏。

* * *

熟悉上下学的交通路线只是太郎在入学第一年遇到的诸多挑战之一。随着他们开始打量彼此，初级的权力斗争就此开始。一方面，这些孩子在相似的价值观中被抚养长大：他们的父母或祖父母和我们情况很像，家境优渥，支付得起每年大约10,000美元的学费，并且极其愿意为严格的教育投资。另一方面，为了准备考试，持续数年的高强度训练一直让孩子们倍感压力。先是被记忆训练和习题练习耗干，然后又因在顶级学校赢得一席之地而受到表扬，现在他们发现像这样的小尖子生还有一百多人，自己只是其中之一。和许多孩子一样，太郎没有告诉我学校里发生了什么，但他提过刚去学校的那几周，因为他白皙的肤色和棕色的头发，许多孩子叫他“外国人”。（太郎的年级里只有另外一个非日本学生：是一个小女孩，母亲是日本人、父亲是美国人。）我不想向太郎灌输丑陋的事实——在日本，一个长相酷似外国人的男孩注定会被永远贴上“外国人”的标签，所以除了表示自己知道了这件事外，没有做出其他任何回应。不过太郎似乎接受了这个称号，认为这是生活中无法改变的事实。太郎告诉我，在学校里，为了躲避一个举止粗野的男孩，每次他从一个教室到另一个教室时，就会从一根柱子跑到另一根柱子，拿它们当掩体，以免被恶霸学生欺负。老师们遵循学校培养独立社交能力的理念，鼓励孩子们自己解决问题，并要求家长也不要插手。按照规定，如果有担忧，家长们只能联系老师，私下不能彼此联系，因为学校不希望母亲们因为愤怒产生矛盾。当我想到我的小宝贝蹲在一根柱子后面的场景时，我的心都痛了，但是太郎看起来并没有为此感到痛苦，所以我没有采取任何行动。最终，两个小男生达成了“休战协议”，甚至变得友好起来，虽然那个坏男孩后来因为母亲不同意学校的一些政策而转到了另一所学校。

2005 年 12 月 21 日

很久以前，我和秋山君总是会打架。每当他不让我玩躲避球的时候，我就想："这是怎么回事呢？"但每次上音乐课做搭档，我们都聊得很开心，所以是音乐好朋友。当我的腿受伤时，他还开玩笑似地问："你还好吧？"真有意思。我笑了。我不喜欢他。我不喜欢他。我不喜欢他。我喜欢他。我喜欢他。我喜欢他。

一天下午，太郎走在从学校到公交站的一段很长的路上，几个孩子扯掉了他的帽子，来回地扔着玩，突然帽子被一棵树挂住了。这时，这群闯了祸的孩子看到森町老师走过来，其中一个早熟的女孩迅速命令其他人掏空钱包，把钱交给太郎，要求他不要告他们的状。森町老师斥责了所有人，包括太郎，因为他手里握着一堆硬币，被老师逮了个正着。有些时候男孩们会扭打起来，在地上打滚，互相打来打去。只要没有受伤的危险，老师们便会放任孩子们打斗。作为一名独生子女的家长，我的孩子没有兄弟姐妹可以打架，我很欣赏学校提供的自由空间。我希望太郎能够感受到自己的力量，知道使用它们的合理界限在哪里。即便如此，我还是会常常教导他，凡事不要诉诸武力。

“要是有人打你，你打回去，那你就和他一样是个坏孩子，”我一般会这样教育太郎，“如果你不还手，那你就比他强多了。”

但是太郎并不这样认为。“要是不还手，那才真的是笨蛋！”他反驳道。

森町老师组织了一个绝妙的游戏，来平息孩子们之间早期的紧张气氛。他让孩子们分成小组，在小纸片上写下他们喜欢对方的哪一点，比如“善良”或“幽默”，然后孩子们会把收到的赞美贴在衣服上。接着每组学生轮流走到全班同学面前，表演一部热播剧中的高潮场景。在这部电视剧中，主人公是一名武士，他乔装打扮成乞丐四处游行，向人们展示自己的真实身份，并宣扬他所救之人的美德。在课堂上，扮演武士的孩子会指着另一个孩子，大声读出贴在他身上的“美德”。孩子们傻傻的表演不仅逗得大家哈哈大笑，同时还强化了每个学生性格中的积极面。

森町老师向家长解释说，他特别重视这个游戏，因为当时他迫切需要让孩子们知道“他们是被爱着的”。当孩子们玩赞美卡游戏时，一种奇怪的、令人不安的现象正在全日本蔓延——有学生向教育部发送了一封自杀恐吓匿名邮件。写信的人说他们遇到了校园霸凌，但没有人把他们的抗议当回事。教育部长发表声明，敦促家长与孩子开诚布公地交流，并表示："被霸凌的孩子有他们的自尊心。这意味着他们无法轻易开口向父母诉说被霸凌的事实。"2006 年 11 月 11 日，恐惧笼罩着整个国家。之前学生们在邮件里表明他们将在这一天实施自杀计划。那天，太郎就读的私立小学不但封锁了教学楼，还确保封锁了通往更高楼层的通道。那天没有学生自杀。很难说校园霸凌的现象在日本是呈上升趋势，或是相较于其他国家来说更为普遍，因为这种行为的构成具有主观性，而且很多案例可能都没有被报道出来。但是这个问题十分严重，足以成为人们频繁讨论的话题。而且校园霸凌往往反映出日本文化中更为严酷的一些方面：比如大力要求人们守规矩，这种压力会阻止人们为被霸凌的同学挺身而出、伸出援手，甚至只是和他们交朋友。在这所小学，我从未意识到校园霸凌是一个普遍存在的问题，至少太郎的班上没有出现过这种情况。

这所私立小学体系庞大，校园里草木茂盛，其中包括一所初中、一所高中和一所大学。孩子们可以在校园里种蔬菜，在温水游泳池里游泳，享受设备齐全的科学、艺术和音乐设施。在东京西南约 80 千米处的一个风景秀丽的湖边度假区，学校修建了一些避暑设施。开学几个月后，一年级的学生去那里进行了一次为期两天的出游。我还存了一张照片，上面是森町老师和 28 个学生在一个大浴场里，赤裸着身体排队。（在日本，如果孩子还在上小学，全家人一起洗澡是很常见的。而在这所小学，二年级出游时孩子们会和老师在一起洗澡，之后才按性别分开洗。）照片中的太郎站了起来，面带笑容，完全没有注意到自己正面全裸。一位母亲告诉我，她要把这张照片保存起来，万一太郎哪天成了名人呢。

初回日本的这几年，一切都是新鲜刺激的。太郎在一所顶尖学校读书。而我忙于了解学校的各种指示和接下来的说明，以适应我作为“母亲”的新身份（或者至少是更为全职的母亲）。我们搬到了离学校很近的公寓。每次迈出新的一步，太郎都倍感兴奋。我们对未来充满希望。

2006 年 7 月 5 日

我和妈妈从外婆的朋友那里买了好多好多美国樱桃。如果我把樱桃连同籽一起吞下去，胃里是不是会长出一棵樱桃树呀。那会是什么样子的呢？我不想做一个身体里长树的怪孩子。不然在学校浴场的时候，我就要和樱桃树一起洗。树上会长出花儿来，鸟儿还会来啄我。我会说："啊呀快住嘴！"

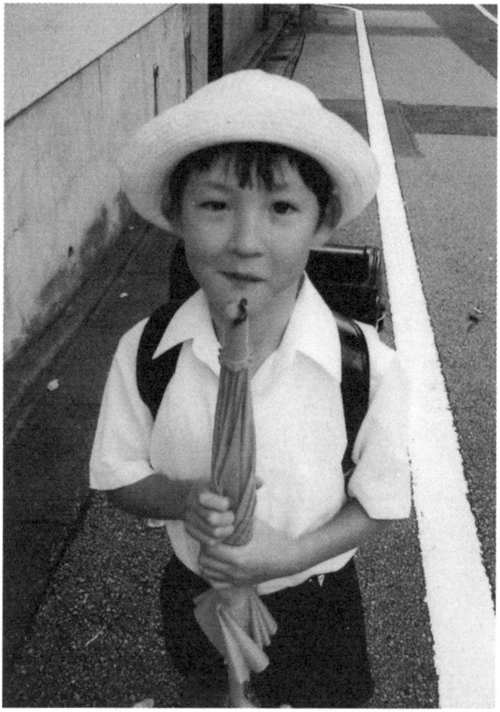

超负荷

2006年6月6日

今天是星期二，所以我把太郎的球衣、短裤和袜子都在门口摆开。“快点，快点，快点啦！”下午3点左右，我在门口迎接太郎，几乎是扒掉他的校服，帮他穿上运动服。他把书包递给我，我给了他一个背包，里面装着足球。由于没有时间坐下来吃点心，我往他嘴里塞了一块糖。我和太郎有一个词专门用来形容这种投食行为——nageire，字面意思是“扔进去”，但实际上是插花艺术中的一个专业术语，指的是用自然随性的方式插花。我们在公寓地下室的车库抓起自行车，用20分钟骑到了足球场。

“你能不能别歪歪扭扭地骑了，”在穿过公园的小路上，我跟在他后面大喊大叫，“你这样会浪费更多时间。”

和多数日本家庭一样，我们也成了“上课狂人”。我给太郎报名参加了各种课后补习班，希望他能像其他孩子一样学会游泳和算术，或许我甚至能意外发现一项属于自己的天赋。二年级时，他要上六个不同的课后补习班。星期一是珠算课，星期二和星期四有足球课和珠算课，星期三是钢琴课，星期五是游泳和珠算课，星期六有英语课和柔道课。

在日本，这是相当正统的选择，80% 的小学生会参加课外班，而且这些课程并不便宜。太郎每个月的课外班支出约 400 美元。这样高昂的补习费对社会造成了严重的负面影响。日本是世界上生育率最低的国家之一，平均每个家庭只有一两个孩子，日本妇女经常表示抚养孩子的高昂成本阻碍了她们生育更多的孩子。* 太郎的大部分同学都没有兄弟姐妹。2015 年，当这些孩子十几岁的时候，日本的人口出现了自 1920 年人口普查开始以来的首次官方下降。†

“你们家孩子上什么课呀？”这是母亲们之间常问的问题。大家都想确保自己没错过什么东西，导致孩子落于人后。跟太郎同一级的大多数孩子都参加了游泳课程，部分原因是为了确保在一年一度的学校锦标赛中有出色表现。每年秋天，在家长们的欢呼声中，每个年级的四个班都会在各种形式的接力赛中互相竞争。游泳池有 25 米长，在一年级的比赛中，大部分孩子都能游完全程。虽然大家都很有礼貌地给孩子们加油，但你一定不想在最后落得木村太太那样的下场——她的儿子拖累了班级队伍。虽然他游完了全程，但中途停了好几次，还擦了眼泪。

---

* http: //www.mhlw.go.jp/wp/hakusyo/kousei/13/dl/1-02-3.pdf,97.

† http: //www.stat.go.jp/english/info/news/20160420.htm.

木村太太一遍又一遍地微微低下头，夸张地皱起眉头，对周围的人说："真是对不起。"其他母亲们则报以克制的掌声。

这些课外班通常被安排在每天放学之后，所以精力不足成了家长会上经常讨论的话题。父母们担心的问题包括自己家孩子常常昏昏沉沉的，或者总是弄混各种各样的课程所需要的手提袋。由于许多孩子放学后直接从学校去课外班，所以他们早上就必须带好游泳课或珠算课要用的手提袋，这样一来，孩子们很容易把袋子落在火车或公交车上，或者把别人的东西认成自己的。

2006年3月14日

今天我去上了珠算课，用算盘上的两排珠子做了练习。打算盘嘛，你必须要集中精力很快完成。我移动了珠子后，大脑空白，所以忘了自己做到了哪一步。现在我觉得自己可真笨。

我上二年级时，日本很少有课外班。所以每次放学回家，我把书包往门口一扔就跑出去玩，一直玩到天黑。我记得在公寓大楼里滑旱冰，躺在公共操场上的秋千上做一下午的白日梦。而太郎和他的同学们即使有休息时间也玩不痛快。太郎上珠算课时，哪怕是片刻的走神，老师也会大喊："集中注意力！"有一次，他在一场足球比赛中倚靠在门柱上，漫无目的地望着云朵在天空中飘过，有几位爸爸（爸爸们会来参加周末的比赛）喊道：那个守门员是怎么回事？我瞬间呆住了。我没有想到太郎到底有多疲惫，也没有想到看到一个孩子全神贯注地沉浸在一分钟的幻想中是多么美好。而是一直在思索，如果球进了球门，我会多么羞愧。我本应该减轻太郎的负担，但当时所有的课外班似乎都不可或缺。太郎喜欢足球，这可能是他一生中唯一一段可以为一项自己并非高手的运动而兴奋不已的时候了。培养团队精神不是很好吗？珠算是医治他加减法计算速度慢的良药，可以帮助他集中注意力。钢琴帮助他打开了音乐鉴赏力的大门，英语可以帮助他打开世界。至于游泳，这是学校运动会的必备技能，也是一项生存技能。太郎的爸爸在太郎开始上学后就和我们断绝了联系，我希望柔道能让这个缺少父爱的男孩熏陶一些武士道精神。

课外班也使我们有机会结交更多校外朋友，其中许多人都是我们的新邻居，与他那些身处特权阶层的同学相比，太郎的交际圈更加多元。当然，我可以继续令人生厌地为这些不合理安排找借口，但我不能否认的是自己其实只是想赶上其他人。偶尔太郎会说一些话，让我猛地清醒过来，面对太郎的课程安排得太满的现实。“你早点到那里，就能……”一天晚上，我试着想办法诱惑太郎快点去参加下一个活动。在寒冬的冷空气中，太郎气喘吁吁地跟在我身边跑着，算盘珠子在书包里晃动，因为刚游完泳，头发还是湿漉漉的。他笑着替我说完了那句话：“……抽出时间出去走走吗？”

当然，还有学校的课程。太郎二年级的课程包括艺术、日语、数学、体育、综合学习*、音乐和英语。

和所有日本小学一样，这所私立学校使用的是政府批准的教科书。老师们会用学校自己编写的、更进阶的课件进行补充教学。在大多数课程中，学校教授的概念完全超出了该年级的标准教学方针，并没有遵循日本政府在20世纪80年代减少必修课程和缩短课时的政策，而且以此为豪。面对如此严苛的学习安排，太郎从一开始就跟不上。在一次家长探访活动中，我注意到他在课堂上有很多问题都回答不上来，担心他不像其他孩子那样能够迅速吸收新知识。我跟森町老师讲了好几次自己的忧虑，但只得到了他漫不经心的回答，说他会密切关注太郎的情况。我询问了一位儿子在高年级的母亲，想知道针对这种情况，学校是否会提供一些额外辅导。

“啊，这个没有的，”她说，“私立学校的老师只会迎合高水平学生的需求。”

因为家长们把孩子培养得越来越好，学费也随之高涨，所以他们不希望学校为了帮助学习困难的学生跟上进度而放慢速度，降低自身的标准。学校希望我，而不是老师，能够让太郎跟上大家的步伐。快到二年级结束的时候，我问森町老师，太郎是否应该接受学习障碍测试，以免我在强迫他做一些他确实

* 综合学习是这所私立小学的一门交叉学科，低年级主要观察研究自然和种植蔬菜，高年级主要学习家政。

无法完成的事情。

“太郎几乎算是没有学习障碍。”森町老师的回答让我有点困惑。学习障碍这种问题，一个人要么有，要么没有，不应该如此模糊，不是吗？但森町老师的话恰好迎合了我不实际的想法——太郎没有严重的学习障碍，也暂时阻止了我进一步调查太郎的问题。

我幻想着太郎成绩突飞猛进，每门功课的分数都比同学高，觉得这些成就能够凸显出自己是擅长做母亲的。或许，我可能只是想借此补救一下自己一事无成的人生。从记事起，母亲就一直鼓励我要以父亲和哥哥为榜样——他们两个成绩优异，都毕业于哈佛大学。母亲这样说，实际上是在告诉我与他们相比我一无是处。

她会说：“你应该嫁给像你爸爸那样的人，如果不行，像你哥哥淳那样的也可以。”从小学到高中，哥哥都是在毕业典礼上致告别辞的优等生代表，而我的成绩通常居于中游水平。

“男生总是比女生做得好,这不是件很好的事吗？”她说,“想一想，要是女生更加聪明一些，这该多糟糕啊。”我猜母亲大概是在试着安慰我吧，因为我一直都平庸无奇。我还记得小时候被同学邀请参加生日聚会，这是唯一一件我比淳表现得好的事情。但即使在那时，母亲还是为了支持哥哥而曲解了这件事的结果：“你收到了所有人的邀请，淳也没有因此而沮丧，真是不可思议。”

就这样，我的人生在哥哥淳的阴影下继续着。他是个银行家，在美国和日本都事业有成，婚姻美满（他娶了一位哈佛毕业生），有两个成绩优异的儿子。而我在孩提时代被强行灌输的对哥哥和父亲的崇拜影响到了我的两性关系。我的每一任男朋友都会被拿来和父亲和哥哥那望而生畏的标准相比较。在我二十八九岁，正值约会的黄金时期，哥哥即将成为一家大型投资银行的合伙人，而父亲是日本最大的贸易公司的总裁候选人。他们十分自信地取得了如今的成就，也丝毫不同情那些忐忑不安的竞争对手。讽刺的是，这竟成了我那傲慢无礼的前夫写的新闻专栏里的一大亮点，当时我们初相识，一起为美国的新闻杂志做报道，采访在东京进行的昭和天皇的葬礼。

“他比其他人都聪明。”晚餐时分，父亲一边吃饭，一边听前夫对日本的贸易战高谈阔论，随后说道。

母亲补充道：“真不知道他看上你哪里了。”其实这个问题问得很好。如果我之前能问问自己，而不是被他的才华和自信所折服，可能会多点警惕心，在结婚时发现他在另一个城市还有一个女朋友，也就不会因为和一个隐藏了众多秘密的男人结婚 12 年而感到心痛了。

“我当初就应该雇一个私家侦探来调查下他。”近 30 年后，我母亲仍然喜欢念叨这些，总让我想起自己糟糕的判断力。我希望太郎能帮我提升自己在这个家的地位，把肩上的重负卸下。

* * *

那段时间，我为他的学习成绩日夜烦恼，太郎却一副无忧无虑的样子。到了二年级，我们搬进了新公寓，只需先步行再乘公交车就能到学校了，全程大约30分钟。太郎享受着不受监督的上学之路，在路上踢石头玩，抓捕昆虫。

2007年9月4日

“哇！”我发现了一只蝉耶，就在餐馆门口的地上。它还活着，就是背部不能动。我伸出拇指，等他卡在手指上后，把它举了起来。蝉很快就飞走啦。它飞到了高楼上，然后我就再也看不见了。

我继续往前走了一会儿，忽然听到草地上有沙沙的声音。我把手伸进去，知道那肯定是一只蝉。它爬的样子好像刚撞车一样，糊里糊涂的。我试着想让它飞起来，但它摔到了地上，飞不动。我又试了试，这次它飞到了大楼那么高，然后消失在了云里。

今天在学校，我在走廊里又看到一只蝉，把它放在了一个树根的凹陷处。然后，我在它身上放了几片叶子。等放学后我再跑去一看，它不见了。

好开心哦，今天救了三只蝉。

太郎依然早早出发去上学，这样他就可以加入孩子们所说的“等待大门打开”活动，指的是在早上 7 点半开门之前到达学校（学生们必须在 8 点 25 分之前坐在自己的位子上）。大门一开，孩子们就冲进教室，换上校内制服，跑出教室玩耍，直到第一个上课铃响起才回去。对太郎来说，校园生活是以课间为中心展开的：上午有三个，下午有两个。一抓住休息的机会，太郎就会跑去踢足球、玩垒球、打躲避球，或者建造“堡垒”。下午 3 点左右放学后，孩子们换上更正式的校服，挤进停在校门口附近、开往火车站的公交车。孩子们发出高音量噪声，笨重的书包来回碰撞，发出“砰砰”的声响，车上的其他乘客对此抱怨不止。太郎享受着从车站走回家的每一分钟。他慢悠悠地晃着步子，白色的衬衫从深蓝色短裤的裤腰里歪歪扭扭地露了出来。一路上，他会朝路边的商店里张望，按一按自动售货机的按钮，在地上搜罗有没有什么“宝物”。

2006 年 10 月 20 日

现在我要把这枚弹球游戏币收好。如果有人看到后把它扔掉就不好了。其实我一直在找以前的一些小玩意儿，可能会是很好玩的宝贝呢。我找到了一个钉子，从自行车上找到了一个橙色的东西，还有一个用来弹吉他的东西。我想一直这样找下去，然后开一家商店。我会尽力的。

自从我向太郎抱怨他房间里的破烂玩意越堆越多后，我母亲发现他转移了阵地，把东西都囤在了我们公寓附近的一小簇灌木丛下面。

“简直像个小乌鸦似的。”母亲说。

有时太郎会在放学回家的路上到商店里看看。有一次他饿极了，就拿起一块掉在熟食柜台边缘的油炸面糊，一面津津有味地嚼着这块“偷来的食物”，一面兴高采烈地跑了出来，这些都是他后来才告诉我的。等他终于到家时，我会站在门口，拎着他上课外班用的手提袋，因为他迟到而大发雷霆。

在四月开始到次年三月结束的这一学年，学校会举办一系列的校园活动，这些活动一年举办一次，而孩子们会花费好几周来准备。运动会在五月举行。有一年太郎跟我说：“这是世界上最好玩的事了。”除了标准的接力赛和障碍赛，一年级学生会进行赛跑，手里抱着一个球，头上顶着一个沙袋，而五年级学生会玩一种游戏，叫作“骑兵战斗”，三个孩子把一个孩子扛起来，然后互相推搡，试着把最上面的孩子推翻。到了十月份，学生们会在校园展览会上展示他们的学术报告和艺术作品，还会表演话剧。十二月有烤土豆节。月底还有校园音乐会，每个年级都会上台表演几首歌曲，其中既有声乐演出，也有乐器演奏。到了次年二月份，会有名为“马拉松”的跑步比赛，孩子们会绕着校园跑一到两千米。

与其他赛事一样，“马拉松”鼓励参赛选手互相竞争。当老师大声念出每位跑过终点线的运动员的名次时，母亲们排着队站在终点线旁欢呼鼓掌。有时，排名倒数第一的孩子会泪流满面地冲过终点线，身后跟着一位骑自行车的老师。每年，我和太郎都会针对他的表现商定一份奖惩协议。奖赏是为了起到激励作用，而惩罚带来的恐惧给我们的协议增加了几分紧张感。二年级共有 26 个孩子，所以那年，我们起草了一份有 26 项条款的清单。一等奖是参观迪斯尼乐园——我知道他拿不到这项大奖，所以故意制定了超豪华的奖赏。三等奖是赢得一次看电影的机会，七等奖是冰激凌，十等奖是我为他做一顿丰盛的热乎乎的早餐，而不是我们通常吃的酸奶和吐司。从十三等奖往后，就都是惩罚了，从我亲自动手帮太郎剪头发开始。比起我剪的"碗头"——拿一个碗扣在头上剪出来的发型，太郎更喜欢去理发店。十九等奖是要求他多写一篇日记，二十一等奖是练一小时钢琴，最后的二十六等奖是写八页汉字*。太郎一直在努力奔跑，但他依然是班里跑得较慢的那一半：处于要被惩罚的名次。

* 汉字是日本书写语言的一部分。小学生在六年里要学会 1006 个单词。

2007年1月31日

“砰”的一声。我吓了一跳,起步晚了。我慌里慌张地追赶所有人。但是好难追上。我前面大约有20个人，所以想超过他们可真是不容易。“冲啊。”我快疯了。

跑到西门，我想起了跑得最快的水上君的跑步方式。他会把身体压低一些。很好，我超过三个人了。感觉嘛，“还不错”。跑在前面的清志君知道我紧随其后，加快了步伐。然后我又想起表哥是怎么教我大步跑的，就试了试。我超过清志君了，甚至一点儿都不累。看到小学和初中的牌子标识后，我开始了最终冲刺。我是第二十一名。按照我和妈妈的协议，惩罚是练一小时钢琴。第二十二名的惩罚是写四页汉字，好险好险，还好不是这个。

每年，各个年级都会组织两次单独的一日游和一次外宿出行。不同年级的出行时长不同，一年级的是两个晚上，六年级则是一个星期。高年级学生的短途旅行一般学术性较强，并采取一些措施以鼓励学生独立自主行事。比如一年级的学生可能会去公园，而六年级的学生可能会去研究寺庙。至于一日游，大一点的孩子需要自己乘坐公共交通工具到达目的地。所有的出行都包括增强学生意志的活动，比如艰苦的徒步旅行。太郎在一年级远行的时候曾经遇到过一场反常的冰雹。下山前，孩子们正在山顶吃午饭，高尔夫球大小的冰雹突然砸向了他们。

在三年级的旅行中，有一项活动名为试胆大会，字面意思是“胆量测试”。试胆大会是日本夏季的传统习俗，源自一种想法：一个人如果受到足够的惊吓，会感到全身发冷，在酷暑中凉快下来。在试胆大会中，老师不但给孩子们讲鬼故事，还让他们在漆黑的深夜走到偏僻的目的地去。有的孩子开心雀跃，有的孩子直接被吓哭。每次活动结束后，孩子们都要为这些活动写作文。太郎写了一篇关于山里的冰雹的报告。

> 现在，大家都站在 Jyofudai * 前排队，心想这里离屏风山到底有多远呢？
>
> 排好队，我们就出发了。穿过雪松树丛后，我的双腿仿佛灌了铅似的。这是我第一次参加徒步旅行，所以真的觉得非常累。我努力在往前走，可我越想往前挪动步子，就觉得越累，我越觉得累，肚子就更饿。但我还是努力在往前走。
>
> 最后我们好不容易爬到了山顶，发现竟然开始打雷了。可怜的高桥君费力地想要塞住耳朵，我也有在努力帮他，用手接过了他的背包。
>
> “好沉呀。”
>
> “哎呀，真不好意思，还要麻烦你。”

* 学校在乡下的度假设施前的一大片草地，Jyofudai 是这片草地的名字。

我们像这样说着话。

这次旅行好艰难呀。

太郎是一个有洞察力和创造力的小作家，但要想逼着他写点东西，可真是一门技艺。不幸的是，太郎在学校里没完成的功课，都要带回家在我的监督下完成。每个老师布置的作业量都不一样。森町老师布置作业的标准是：一年级布置 20 分钟的作业量，每升一级增加 20 分钟。所以在二年级，太郎放学后应该在书桌前坐够 40 分钟。在我的密切监督下，他能勉强坐够大概 15 分钟。除此之外，学校还有一个传统，要求所有学生每周至少写三到四篇日记。为了鼓励太郎，我母亲特意画了一幅漫画，画的是一个以日记为食的男孩，名字就叫“日记男孩”。每当太郎在外祖父母家过夜时，“日记男孩”就会神秘地出现在太郎的日记本上，或者明信片和信件上，通常都是一副饿得前胸贴后背的样子。

2007 年 6 月 23 日

最近的一张明信片来自萨尔茨堡，上面有莫扎特的画像。

我们现在正在聊外婆寄来的明信片。外婆去过好多地方，比如奥地利、澳大利亚和非洲。外婆画漫画是为了让我好好写日记。但对我并没什么用。我一点都不喜欢写日记。

可能写信也像学习一样。我觉得外婆好棒。她把我的照片印在明信片上。我每周收到两封信。曾经有一封的邮票上还有外婆的照片。我想："这到底是怎么做到的啊。"
真想问问外婆。我正在把这些信放在文件夹里，文件夹可能很快就满了。

* * *

太郎刚上小学的那几年，每天他上完课外班回到家，我们就会展开写作业的"拉锯战"。太郎会躺在床上，拿出一本书来读。这事听起来还挺靠谱，我承认喜欢看书是个极好的习惯（不过这是因为我没有给他买任何电子游戏）。但家庭作业也需要做完才行。太郎从来不记作业安排，所以我会打开他的书包，在皱巴巴的纸堆里翻找作业。如果找不到，我就给其他妈妈或同学打电话。

一旦我知道了作业是什么，就把需要用到的书本放在餐桌上，在旁边摆一盘小吃，像诱捕饥饿的小动物一样引诱太郎过来。他会过来吃吃喝喝，但很快会回到沙发上，悠闲地看会儿书，或玩纸牌和弹珠。一般情况下，我会哄着他回到桌边坐下写几分钟作业。然而用不了多久他就会走神，又坐回沙发上，或者跑回自己的房间。然后我会用各种各样的"空头支票"吸引他回来，有时是糖果，有时甚至是现金。我一度做过一个完整的图表，上面有每天和每周的目标和奖励。就像育儿书上写的那样，在他完成任务后大加表扬。但最终，在床上、沙发上和桌子上来回折腾几次之后，我就会发脾气。

“你快写！”我会吼他，“看看现在几点了。你能不能像其他小孩一样乖乖写作业？”

如果太郎从桌前跑开，我就会追上他，把他拽回椅子上。如果我指出他哪儿写错了，或者让他重复某些知识点作为练习，他就会瞪着我，冲我翻白眼，在房间里乱扔铅笔和橡皮。

写作业的意志力大战常常会僵持数小时，随着夜幕降临，代价也会越来越大。如果我要求他收起“精灵宝可梦”卡片，而他一而再再而三地无视我的命令时，我就会抓起来几张，威胁说要把它们撕碎或者泡在水池里。他通常还是会拒绝。然后我就冲到厨房的水槽前，打开水龙头，最后把卡片扔到哗啦啦的流水下面。很多个深夜，我都拿着晒衣夹把褪色的湿卡片挂在晾衣绳上，然后把它们卷曲的边角熨平。但有的东西是无法修复的，比如一个小小的塑料盒子。从我们能够记得的时候开始，每当我和太郎外出旅行时，我就在里面装满糖果，我们管它叫糖果盒。有一次我气得把脚悬在上面，像往常一样威胁太郎说：“除非你现在就开始写作业……”然而太郎不断地反抗，我一脚下去，使劲踩在多年来在假日里与我们相伴的糖果盒上，把它踩碎了。还有一天晚上，我一边大喊大叫，一边一拳砸在他的书架上。我的小拇指肿得很高，以至于我都担心自己到时候会戴不进去滑雪手套——那个周末我们计划和同在学校上学的另外一家人去旅行。我窘迫地向母亲坦白这一切，她笑着对我说：“没关系啦，我也这样做过。”

我执着于让太郎写完全部作业，在小学的那几年总能取得最终的胜利。虽然我们都筋疲力尽，有时还会留下一堆摔坏的玩具，但作业也都写完了。到了睡觉时间，一切归于平静。太郎依然无条件地爱着我。我仍然是他的全世界。

2006 年 11 月 6 日

现在，我给妈妈扔了一个她能接住的球。其实我们现在正在井之头恩赐公园里的三角公园玩传球游戏。妈妈向我扔了一个球，和我扔得一样厉害。真好玩。我想再玩一次。妈妈能把球扔得这么好，可能是因为我们吃了可丽饼吧。因为是星期天，公园里到处都是人。我们玩的球是一个真正的球。我和妈妈轻轻松松就投了一百次。然后我们去了商品柜台，我还试穿了套头衫。我还想在那个公园传球，但妈妈说不行。

* * *

日本的小学认为孩子们在假期也不能松懈，所以我们从来没有好好休息过。除了有一次在美国外出宿营，太郎在小学六年里只有几天没写过作业。**“除非你时刻保持警觉，否则只是在被动地消磨时光罢了。”**一次放长假前，《学校和家庭》通讯上这样警告道。通讯建议道：**“你难道不想整理习题册和考试试卷吗？”**老师们会在假期布置大量的作业，以确保学生能够延续学习的势头；他们还认为让孩子们置身题海可以防止青少年犯罪。

私立学校的全职妈妈比公立学校多，这些母亲会花很多时间监督孩子的学习。母亲们参与孩子学习的目标各不相同，有的是为了确保孩子完成作业（这正是我的目标），有的则是提供超强辅导，以帮助孩子取得获奖级别的学习成果。我认识的一位母亲在暑假期间指导女儿完成了许多独立项目，然后在整个学年分次提交，就像从库存货架上取东西一样。通过这种方式，她的女儿在上学期间争取到了大量空余时间，可以利用这些时间在学业上抢先一步，或者专注于课外活动。日本政府在2016年的调查结果显示，近40%的10到14岁之间的儿童在写作业时都有母亲陪伴。* 而日本的一家教育和出版公司倍乐生（Benesse Corporation）在2016年的一项调查显示，超过20%的家长会对孩子的暑假作业和读书报告“给予建议或一起完成”。† 每年夏天，博物馆、公园和大型百货公司都会举办与家庭作业相关的主题活动，为孩子们完成“自主型”研究课题

---

* https: //www.e-stat.go.jp/stat-search/files?page=1&lay-out=datalist&toukei=00200533&tstat=000001095335&cy-cle=0&tclass1=000001095399&tclass2=000001095400&t-class3=000001095402&stat_infid=000031653782&second2=1 Excel, 20.

† 倍乐生株式会社控股通讯，2017年7月24日。

提供帮助。书店还会专门举办展览——以参考书为主题，一般包含《简单的独立课题项目》这类指导学生如何做的出版物。这些来自四面八方的指导严厉而粗暴，并没有给孩子们提供太多机会去独立思考或发挥创意。经济合作与发展组织（OECD）进行全球比较调查时发现，日本学生对科学事实和理论有着出色的理解力，但在应用时却缺乏自信心。* 这一结果和这种粗暴的指导脱不开干系。

对于父母的强力干预，私立学校的老师们只好接受。

“请一定保证，孩子的作业里有他自己的想法和创意。”太郎在三年级的科学老师在解释课后作业时跟我讲道。作业内容是发明一个有用的器具。

我又不是工程师，只好求助于我的堂兄，他是一名建筑师，曾经帮一个客户的孙女做过学前项目，在音乐盒上建造了一个微型瑞士牧场。这项发明作业是学校暑期作业的传统，三年级及以上的孩子必须用家里的简单材料创造一些有用的东西。学校最后会展出学生的作品，其中最优秀的还可以参加东京的竞赛。有一年，太郎的同学做的一个小垫子获了奖，垫子上嵌满了豆子，可以用来放鸡蛋，这样鸡蛋就不会在厨房的桌子上打滚了。

每年夏天，堂兄都会来和我们一起住两天，耐心地鼓励

---

* http: //www.oecd.org/pisa/pisa-2015-Japan.pdf, 5.

太郎提出一些想法，然后指导他完成整个建造过程。但是每当我们两个大人绞尽脑汁地思考时，太郎不是提出不切实际的建议——“一副太阳镜！只要你戴上它，就能身处你想象的情景之中！”——就是跑回他的房间看漫画书。第一年，我们做了一个穿孔的纸板鞋，可以放在运动鞋里，然后连接到真空吸尘器的软管上。想着可以用它把鞋子里的灰尘吸出来。第二年，我们拿了一个写字夹板，在顶部贴了一块厚纸板，纸板上刻了几处凹槽，可以用来放铅笔、尺子和橡皮。我们还在纸板上做了一个透明塑料片，可以从一边滑到另一边，相当于给凹槽做了一个滑动盖子。在实地考察旅行做笔记时，这种“写字夹板铅笔盒”非常实用。到了第三年，考虑到我们没能在竞赛中脱颖而出，是因为写字板铅笔盒工艺太过复杂，我们降级发明了一种简单的“提醒式防汗带”。这是一种订满了便利贴的腕带，你可以在上面记家庭作业。最后一年，我们把一块毛茸茸的布塞进一个护目镜盒里，声称这是一种自动眼镜盒，每次取出眼镜时盒里的绒布可以把镜片擦干净。当太郎费力地取出眼镜向大家演示时，同学们嘲笑他说，这速度还不如用手直接擦呢。我们从未获得过任何荣誉。多年后我在网站上看到一款和我们发明的十分相似的写字夹板，正在被当作新产品投入市场，堂兄说我们当初就应该注册专利。

太郎三年级的时候，圣诞节有十天假期，我带他去了夏威夷。学校布置的作业有：五页数学题，四页写作实践，三页阅读理解，两份地理测验，两份独立报告，一张英语字母表，此外还要阅读指定书目，记日记和学习古代日本的纸牌游戏。

除了圣诞节当天可以特别休息一天，我给太郎分配了每天要完成的作业任务。我的硕士学位是在夏威夷大学取得的，所以请了老同学来帮忙。一天下午，我带着太郎去了东西方研究中心，我还是学生时在那里工作过，跟总裁认识。我把太郎留在了总裁办公室，希望有陌生人在场，可以威慑他完成当天的作业份额：用新学的汉字造 20 个句子。趁着这段时间，我在大学校园里散步，想找一找适合独立报告的主题。我发现一棵吊灯树，树上结着巨大的香肠状的果实。简直完美。我给研究生院的前男友——一位海洋科学家打了电话，请他带我们去一个博物馆。在那里我们哄着太郎临摹了一幅插图，插图的内容是一只兔子，但同时看起来又像一只鸟，可以用在他关于视觉错觉的独立报告中。那天深夜，一位我以前的日本同学悠扬的声音在酒店走廊里回荡；太郎如果要掌握古代日本的纸牌游戏，需要背诵一百首诗歌，同学在朗诵的正是其中的几首。

当然，太郎每次都要挣扎一番才能完成任务。一天，当我们在为作业分配争论不休时，他跑出了我们的酒店房间。几秒钟后，当我打开门时，长长的走廊里已经空无一人。带着些许恐慌，我给住在隔壁酒店的太郎同学的家人打了电话，结果长舒一口气，他就在那里。

“他们都在写日记呢。”那位母亲说。不愧是我的好战友。

2007年12月26日

（我真的好生气。）妈妈最后说的那些话要气死我了。我飞奔到朋友的“天堂”那里去。我按了电梯，真倒霉，电梯里有一家人。在美国，有一条法律规定孩子们不能单独外出。于是我站在角落里，这样大家就看不到我了。我走了一条秘密通道，结果迷路了。但是我想在妈妈找到我之前抄近道过去。但我妈妈真是太慢了，只有我一个人，我感到越来越害怕。

我们正在逐步走向小学生活的阴暗面。

2007年5月10日

我从“百宝箱”里拿出一个用纸折的红色小盒子。如果在盒子里放铅笔，铅笔头就会在上面留下痕迹。

妈妈的“百宝箱”里放着我送给她的所有礼物。

1. 两个手镯。一个是商店免费送的。上面的珠子看起来很棒，还带一条银链子。因为是透明的，所以戴上它可以看到皮肤。另一只手镯中间串着一个橡子，弹力绳上面串着纸球，纸球中间串了一些珍珠。这是我在托儿所自己亲手做的。
2. 项链。弹力绳上串着好多珠子。这是我在美国露营时做的。
3. 一块石头（是个小石子）。这是一块完美的圆形石头，有一厘米宽。是我在我们大楼的走廊里找到的。
4. 一个洋娃娃（很小）。是我在托儿所的老师做的。娃娃的裤子底部缝着“太郎”两个字。

   盒子里一共有五件东西。我觉得妈妈肯定很喜欢，因为它们都很有用。她外出时可以戴首饰。而她只要看着娃娃和石头，就会想起我。

   我还在留意四周，想找到更多有用的东西。

母亲们

2007年7月20日

我站在校门口和太郎班上同学的妈妈们闲聊。要是见到太郎的班主任，还得拦住他聊几句。我试图抓住每一次机会，和班主任加强交流，以便更好地了解太郎在学校的生活。但必须要做得巧妙一些，这样才不会让人觉得我在抢其他母亲的风头，或是试图讨好学校的职工。一年一度的外宿出游开始了，母亲们来为孩子们送行。看着长途汽车开走，我们挥手告别，直到看不见为止。接着人群散开，大家三三两两地聚到了一起。今天，我不必满心焦虑地跟在随机的一队母亲身边，因为其中的一个小团体已经邀请了我去喝咖啡。

就在太郎沉浸在校园生活中时，我专注于探索母亲们的平行世界。关于这个圈子里的陷阱的警告来得很早。在太郎入学前几个月，我和一位女士互发了电子邮件进行交流，她的儿子早太郎几年入学。她给了我许多建议，其中一条是：在了解其他的母亲是什么样的人之前，绝对不要加入家长教师联谊会（PTA）。

“我的经历很糟糕。儿子上小学一年级的时候，我曾经为家长教师联谊会做过一些工作，常常被她们霸凌。”她告诉我。妈妈们也会玩霸凌那一套？我和这位女士不是很熟悉，所以无法从她口中探出什么细节，但我猜想，在墨守成规的日本社会，她可能是做了什么出格的事。这对我来说倒不是什么难事——我一向不合常规。太郎已经通过了入学考试，现在轮到我来经受磨炼，交出一份让母亲们满意的答卷了。

* * *

“什么是‘妈妈午餐会’啊？”一个澳大利亚朋友问我，当时我说因为要去参加“妈妈午餐会”，所以没办法去见她。在太郎上小学期间，我逐渐习惯了时常提到这些浮于表面的社交活动，在聊天时提到它们，就像在说例行的商务会面一样。不过我确实把聚餐当成了工作，尽职尽责地多去参加，并且默默记下所见所闻。母亲们在咖啡茶会和饭局有时就是闲聊而已。但更多的时候，这是她们收集信息和了解自己在学校社交圈中地位的重要机会。太郎入学两周后，我去参加了第一次“妈妈午餐会”。因为孩子在高年级读书，两位来自家长教师联谊会的母亲代表已深谙其中门道。她们把聚会地点定在了学校附近的一家法国餐馆，和往常一样，时间是在工作日。大部分和太郎同一年级孩子的母亲都是家庭主妇，即使在少数有工作的母亲中，大多数人也是弹性工作制，有时间参加各种午间社交活动。由家长教师联谊会组织的聚会每学期只举行一到两次，但母亲们当中的一些小团体，每月都会举办几次非正式的聚会。每当学校有活动，比如游泳或马拉松比赛，不同团体的母亲们就会在活动前后共进午餐。

2008年3月28日

成年人的特点：

1. 都喜欢数字。

2. 故意写东西很杂乱。

3. 都会紧张。

一年级“南”班的28位母亲基本上都参加了第一次聚餐。两位经验丰富的母亲已经事先选好了菜品，在小餐馆楼上的包间门口迎接我们，并且收取本次聚餐的费用。然后，我们从纸袋里挑选一个数字，找到放着写了相应数字纸条的位置坐下来。这样细致的安排可以避免很多尴尬的情况。比如被人发现不太愿意坐在某人旁边，或者在大家刚吃完主菜时点了前菜。这六年里，大家对各种社交活动的细致程度着实令我大开眼界。有一次，我已经提前安排好了聚餐时间和地点，并将联系电话和带餐厅地图的网址发送给了各位母亲，但仍有一位母亲问我是否可以先找个地方碰面，再走过去吃午饭。对此我感到有些困惑，另一位母亲向我解释说，餐馆的位置大家都很清楚，但没人愿意先露面，然后一个人待在那里，哪怕只是几分钟。所以最好在火车站或百货公司碰面，在那些人来人往的地方，第一个到达的人不会那么引人注目。

第一次聚餐，我们围坐在两张长长的、铺着白色桌布的餐桌旁，一边享受着法式大餐，一边闲聊。午餐共有三种菜式，分量虽小，但味道很可口。用完餐，服务员过来把桌子收拾干净，只留下咖啡，组织者开始让我们做自我介绍。妈妈们一个接一个站起来，用孩子的名字表明自己的身份，然后鞠一躬，说一些自谦的话。

“我是关口恭子的妈妈。”一位身形娇小的女士说道，她的眼睛周围画着均匀的黑色眼线，在瓷色肌肤的衬托下，完美地勾勒出双眼的形状。“最近因为孩子要参加入学考试，压力很大，脱发也越来越多，真让人困扰。”

另一位母亲说她在儿子备考期间胖了许多，为了减肥，还专门去练了一种在娱乐圈很火爆的瑜伽。其他母亲也介绍了自己的爱好，比如滑雪或做串珠花。大家都为自己的孩子不守规矩、不听话而表达了歉意，用了类似 baka 或 stupid* 这样的词。“真是给大家添麻烦了，实在不好意思”是常见的结束语。

“我是槙原弥太郎的妈妈，”我开始介绍自己，“我们很晚

---

* baka 表示日语中的“笨蛋”，stupid 表示英语中的“笨蛋”。——译者注

才开始准备考试，因为我一直忙于工作。”我继续说道，在表达歉意之前铺垫好了借口。“我的儿子非常调皮，还不听话。我们母子可能会给各位添不少麻烦，我对此感到抱歉。”然后我决定再说一些话，觉得这样做可以取悦在座的母亲。现在回想起来，我觉得很是后悔，并且为当时的天真感到尴尬。“我在国外生活了很久，会说英语，”我说，“如果有哪位在英语这方面需要帮助，可以直接告诉我，我很乐意帮忙。”在崇尚谦逊文化的社会背景下，这还不如直接自夸。后来我才发现，很多母亲也都在国外生活或学习过。但午餐时没人告诉我，大家只是有礼貌地听着。

在太郎一年级的班上，孩子的母亲一般都是受过大学教育、年近 40 岁的中年妇女，她们从毕业后就开始工作，直到怀孕生子，然后成为全职妈妈和家庭主妇。在剩下的仍有工作的母亲当中，有几位是内科医生，有几位从事行政工作，还有一些是兼职教师或助教。那时，我刚开始从事自由撰稿和翻译工作。大部分母亲都是已婚，太郎这个年级的 112 位母亲中，只有四位离了婚，其中一位后来再婚了。孩子的父亲一般只参加学校的重大活动，如运动会和开放课堂，通常情况下由母亲负责处理与学校相关的事务。母亲们个人履历如此相似，甚至让我觉得她们连身形外貌都长得一样。

在一次由家长教师联谊会组织的见面会上，我见证了一个诡异的场面，并且对母亲们展现出来的一致性印象深刻。我看到十多位母亲围住了一位老师，对着他深深地鞠了一躬。在学校运动会那天，这些母亲因为大声喧哗而被学校批评，所以在这里向老师道歉。她们的背部笔直，腰弯成 90 度，都有着擦了粉底的锃亮脸蛋和乌黑的秀发，穿着平淡而雅致的昂贵套装或连衣裙。她们围在一起，像车轮上面毫无差别的辐条*一样。后来，这些深表懊悔的母亲们一致同意，各自给老师写一封简短的道歉信。但其中有一位母亲写的信，篇幅长且内容丰富，老师在写给学生的通信里引用了这封信并表达了赞赏。其他道歉的人立即开始调查，想知道违反契约的罪魁祸首到底是谁。这对那位母亲而言，是一个隐患啊！

尤其是在刚入学的那几年，许多母亲对学校还不熟悉，所以不论做什么，都极其希望和大家保持一致。她们想参与所有的午餐会、咖啡下午茶和娱乐活动，让孩子们报名参加同样的夏令营。这种服从性确保了她们不会引人注目，不必在一个崇尚礼仪与得体的社会中甘冒得罪别人的风险。互相联合让她们变成了参与背地里“小动作”的圈内人士。而被母亲们认为极具价值的详细情报，从下一次科学考试可能会考什么，到从哪里购买指定的学习用品，都涵盖在内。有一年，就在学校发放了夏季避暑营的行装清单的短短几小时后，我去了本地的一家工艺品商店买其中一样东西：一张渔网。但为时已晚，其他母亲早就盯上了这家店铺，将渔网抢购一空。就在美术老师让孩

* 车轮中连接车毂和轮圈的一条条直棍或钢条。——译者注

子们带画具套装的第二天，我在一家文具店碰到了一群母亲。

一个蹲在一堆画具旁的母亲说："要是没有和大家一样的画具，我女儿会不开心的。"

尽管家里有上美术课用的画笔和颜料，我还是买了大家都买的那一套。

这种同现状保持一致的强迫心理在其他学校也存在。太郎刚上学时，为了缓解家长们初为父母的焦虑，大阪的一所公立学校——片山小学推出了一本指导手册，里面的内容包罗万象，只有你想不到的，没有它回答不了的。当地几十所学校也纷纷效仿，推出了自己的手册。"片山指导手册"是一本 38 页的小册子，每年都会修订一次，上面列出了一年级新生应该准备的学习用品，甚至写明了要带多少支铅笔。书里给出了诸如此类的建议："请保持节制，不要购买贵重或不急需的物品""尽可能让孩子在去学校之前排便"。

* * *

和其他母亲维持友好关系让我感到不堪重负，特别是我们之间的相似之处从一开始就不多。我的家庭组合已经十分奇怪，外形和其他打扮精致的母亲也不一样：在美国生活多年，我的穿衣风格比较休闲，讲究实用性，而且一向不会花太多心思在化妆保养上。但是，和其他母亲保持密切联系对我来说非常重要，因为太郎经常弄丢作业说明纸，我只好向其他家长询问作业安排。所以只要有妈妈邀请，我就会去参加她们的社交聚会，尽量不发表任何不同意见。我低声下气，慢慢找出有哪些东西是必买的，等买回来后，再在上面缝上足球形状的小布贴，或者挂上小饰品。这样，太郎就不会把这些“珍贵物品”和其他人的东西混在一起了——它们都长得一模一样。我确实意识到，这种什么东西都要和其他孩子一样的偏执可能会给太郎传递错误的信息

“这样我们就可以说：‘我们有一样的东西！’”当太郎带着一个和朋友一样的足球包或铅笔盒去学校时，他告诉我。

我这是在打击太郎的个性吗？因为太郎和别人长得不一样，常有同学嘲笑他是“外国人”，我这样做，是否也在纵容同学们对他的不包容？然而在那个时候，融入群体的压力超越了一切，我正在把母亲灌输给我的融入群体的经验继续传给太郎。

2007 年 8 月 8 日

“Japanese guy”，有人喊道。他们是在叫我。意思是来自日本的小伙子。在美国营地他们是这样称呼我的，而不是叫我弥太郎君。但在日本，大家总叫我“美国人”（其实我来自哈萨克斯坦）。

对于许多孩子刚入学的母亲们来说，首要任务之一就是想办法知道每位母亲的年龄。人们把年龄当作衡量价值的尺度，

越年轻越占优势。但对我来说，这非常不利。太郎上一年级的时候我已经46岁了，是他们年级年龄最大的母亲之一。世界各地的女性都崇尚年轻，然而年龄在日本有着特殊的意义，儒家的价值观强行规定人们要尊敬长辈，并且强调年龄上的差距。从鞠躬的角度，到以资历为基础的晋升制度，再到语言中的敬语的层级差异，整个社会都遵守着这种以年龄为基准的行为准则。我记得自己和一位困惑的美国朋友讲过，因为"我只是一个一年级孩子的妈妈"，所以我不可能反对某项学校规定。在以年龄为基准的金字塔上，一个人所处的级别越低，人们对其行为的明智性和才能的卓越性的期望值就越低，这一范式也可以用来解释女性在日本社会所遭受的性别歧视。从这层意义上来说，你越年轻，做好事情的压力就越小，同时也更容易因为表现出色得到额外的赞赏。再加上在全球流行文化的理念中，美丽等同于年轻和活力，也难怪日本女性总想永葆青春。2008年，餐饮公司可果美（Kagome）发布的一项调查显示，在25岁至59岁的女性中，有92%的人认为让自己看起来年轻一些是有好处的。* 大约三分之一的受访者表示，看起来年轻会让她们觉得"自己比同龄的朋友更优越"。反过来说，在一生之中，女人只有厚颜无耻、不在乎他人的看法才能真正成长。

我身为这所学校母亲的资格已经摇摇欲坠，自然不愿自己

* http: //www.kagome.co.jp/library/company/news/2008/img/080303001.pdf.

被贴上这样的标签，所以每当大家频繁谈到年龄时，我总是保持低调。母亲们常常互相试探，开玩笑说自己很老了，却并不会具体说明自己到底多少岁。面对如此情况，其他母亲可能会被迫更加谦虚地回答说："哎呀，我比你要更老呢"，然后在无意中透露了年龄。我算是成功地隐瞒住了自己的真实年龄，直到太郎上了三年级。那天，我和另外两个同校的家庭去滑雪旅行，正当我准备在滑雪课的表格上写下年龄时，我察觉到一道老鹰般锐利的目光穿过我的肩膀落在纸上：是太郎同学的母亲，她正试图看我的年龄是多少。我犹豫了一会儿，然后紧张地写下了"44"，少写了几岁。几天后，在学校的一次活动中，一位从来没在滑雪坡附近出现过的母亲突然冲到我面前。

"我发现咱俩是同岁！"她为发现这个秘密而沾沾自喜。

我觉得撒谎很不光彩，但并非只有我一个人在骗人。2007年，面向办公室女性的免费报纸《城市生活》在网上进行了一项调查，近一半受访女性表示，她们会在火车月票和调查问卷上谎报年龄。* 长这么大，除了滑雪课上撒的小谎，我只有勇气在附近公园的会员卡上撒谎。我在会员卡上比实际年龄要小五岁，每当看到这项"年轻的证明"，我的内心就会生出一股罪恶的快感。在学校里，我时刻谨言慎行，以免在用谎言编织的大

* 产经新闻东京版，2007年11月7日，第26版。

网里作茧自缚。日本人常用中国的生肖来指代出生年份，所以我必须记住自己应该是兔年出生的。当另一位年轻的母亲为即将到来的生日哀叹时，我还要忍住不去翻白眼。

2007 年 4 月 30 日

“好啦，开吃。”在理发店里，我把糖果的包装纸剥了下来，然后把糖果直接扔进嘴里。妈妈说过：“如果吃了糖果，就不能再吃甜点。”但因为妈妈不在，我还是偷偷地吃了。为了安全起见，我练习说谎：“我没有吃糖。”嘴里含着糖让我很难开口讲话，所以我吐了出来。但妈妈还是从我的口气中闻到了。

我心想：“完蛋了。”

“你不应该撒谎。”妈妈一遍又一遍地唠叨。她总是给我讲“狼来了”的故事。

而我会在心里默念：“好吧，又来了。”

只要不被抓住，说谎还是有好处的，所以我试着每天都至少说一次谎。最近几次撒谎的事是——

晚饭前我吃了个柑橘。

关灯以后，我看了本书。

我在房间里偷偷吃了点为运动会准备的零食。

在努力融入母亲圈子的这几年里，年龄并不是我唯一隐瞒的秘密。我对于自己生活中不同寻常的一面守口如瓶，从未告诉过其他母亲太郎是领养的。我对自己在美联社和《时代》杂志担任记者的经历也含糊其词，因为觉得自己的出身背景与其他女性的经历相去甚远，她们无法理解，也担心这会让她们觉得我太奇怪，不适合融入她们的圈子。有时一句随口说出来的话就能让人明白这一点。一天，在足球训练的场地边上，一位妈妈说，前一天晚上她把儿子狠狠责骂了一顿，告诉他：比起家里其他几个举止端正的人，他简直就是个异类。

“我告诉他：‘可能你是我们在桥底下或者其他什么地方捡回来的孩子吧。’”她说。在她的认知里，一个像太郎一样被遗弃的孩子，象征着一株注定不服管教的“坏芽”。当时我有没有借机给她讲讲领养孩子的乐趣和奇妙之处呢？当然没有，我保持了低调。

* * *

那些时间充裕的精明母亲，会把自己的精力和没能发挥的才智都倾注在辅导孩子上学这件事上。在日本，全职妈妈这个职业不仅为全社会所接受，而且如果能像我们这样把孩子送进顶级的私立学校读书，别人可能都会稍微高看你几分，因为这类学校要求家长投入更多的时间和精力。在日本，全职妈妈享有的崇高地位拯救了我的意识，因为这弥补了我的不安全感：我没有一份受尊敬的工作，也没有男朋友。偶尔我会出去约会，但从未遇到过彼此都合心意的人。我不想再被人看作一个做着几份自由撰稿工作，收入微薄的大龄未婚妇女，所以努力把自己塑造成一个忙碌的女人，做兼职和为人母两相顾。但是，我仍然觉得自己处在等级表的中游地带——兼职翻译和写作无趣而乏味，而且太郎的成绩也不好。我认识一位母亲，总是一副精心打扮的样子，留着一头完美的长卷发，染着温暖的赤褐色，还兼职为一家女性时尚杂志做模特。在为人父母的日子中，她充分利用所有空余时间，抓紧一切机会学习。她在车里放教学光碟，其中有一张碟片用枯燥的声音念着日本47个行政区的名字。如果我们在某处排队，她会向孩子提问历史事件，展示她丰富的知识储备，让人印象深刻。当这些练习看起来已经穷尽之时，她就让儿子大声地从一数到一千。那是在一年级，太郎那时还没学会两位数。

怀着同样的热情，母亲们常常组织各种娱乐活动。每年一到两次，班里的母亲代表会组织所谓的“趣味聚会”。聚会一般在周末或节假日，班上所有的父母和孩子都会参加。太郎上四年级的时候，负责聚会的母亲们租了一个社区礼堂，安排了午餐和娱乐活动。我看到组织者为了组织聚会，开了好多次会，并在Excel表格上查看菜单和任务分配，比如谁负责做饭，应该玩什么游戏等。在和其中一位母亲闲聊时，我不小心说漏了嘴，说比起点菜，用这种“劳动密集型”的方式从头开始做好一顿饭是一件“麻烦事”。结果不出几天，我就从小道消息得知这番话已经传开了。会议的主要组织者还在聚会开场时说："**某些**母亲显然认为这些都是**麻烦事**。"我感到非常恐慌，因为意识到自己多年来为了融入圈子付出的努力，可能会毁于这句轻率之语。那天晚上，我带着一盒饼干去了主管此事的母亲家里，希望能够讲和。"别担心，"她安慰道，"我很了解你，知道你是什么样的人。"我想这大概意味着不管我说了什么，她还是喜欢我的，所以不会排斥我。但是活动当天，我还是留在厨房里，给一位开心地煮着数百块薄饼的妈妈打下手，帮她洗盘子，切香蕉。确保自己在做这些时是一副热情洋溢的样子。

几乎每个月，有时甚至一个月好几次，母亲们都要去学校参加活动。大部分母亲都要求更多地参与其中，而不是随意走个过场。每年五月的运动会那天，家长们有时会在日出前就在校门口排起长队，在观看比赛的跑道周围铺上野餐布，占一个好地方。像占位子这种没什么技术含量的活，其实是少数需要父亲们完成的学校任务，毕竟他们长期缺席孩子的校园活动，而这些任务没有什么难度。当然，每次遇到这种场合，太郎的父亲总是缺席的：太郎从 5 岁起就没见过他爸爸了。在太郎 3 岁之前，我们生活在一起，前夫还是很疼爱太郎的。虽然他并不是特别想要孩子。

"做你想做的就好，"当我告诉他我想领养一个孩子时，他说，"我会在领养申请上签名的。"当他在哈萨克斯坦北部一个老工业城镇的医院里看到太郎时，整个人都呆住了。太郎刚开始学走路的时候，前夫经常和他在外面玩上几个小时。当太郎追着足球玩，或者挥动塑料棒球棒时，别人会夸太郎的协调性好，前夫则是一脸自豪。有这样一个小朋友陪在身旁，打心眼里崇拜他，会因为受到他关注而哈哈大笑，他很是骄傲。2002年我们离婚后，我取得了太郎的完全监护权，并签署了离婚协议，协议写明前夫应当“尽可能常来探望孩子”。他留在了中国，和别的女人组建了新的家庭。离婚后的前几年，他偶尔会来东京出差，带太郎去游乐场和餐馆玩一天。但他总会让太郎失望。有一次前夫在镇上时，太郎说：“爸爸是个大骗子。”

“为什么这样说呢？”我问。

“他答应今天要带我去商场，我想要什么他都给我买。”但前夫那天一直没有露面。

还有一次，我们乘飞机去夏威夷见他。我等着他打电话给我，但他没有，终于联系到他时，他告诉我不能来了，但在原因上又含糊不清。我能听到电话里好像有盘子叮当作响的声音，猜想他妻子就在一旁，不管因为什么原因，他没有办法说实话。我告诉太郎说爸爸很忙，没办法来见我们了。然而，当我们在威基基的卡皮欧拉尼公园散步时，太郎一直跑到前面的大榕树那垂下的树根前，笑着说：“爸爸可能就藏在这棵树后面呢。”太郎最后一次见到他父亲是在他6岁的时候，他们一起去了洋基球场。后来，到了2008年，一直断断续续打给我们的抚养费也没有了。我考虑过起诉他，但最终决定放弃，因为我的父亲不同意，而如果我要打官司，就需要借父亲的钱去支付诉讼费。

“你应该一点也不想掺和这些事吧。”父亲说。我想，父母大概担心这场法律战会让他们的女儿陷入一个他们未知的世界，陷入一场卑鄙肮脏、充满愤怒的战争，而太郎也可能被卷入其中。

2006年10月30日

我现在正盯着眼前的这支棒球自动铅笔看。很早以前，爸爸带我去看棒球赛，给我买了这支自动铅笔，你按一下上面的棒球帽，铅芯就会露出来。他还给我买了一个银色的球和一个普通的白色球。其实呢，自动铅笔里只有一点点笔芯了。但我很珍惜它。

没有了爸爸的陪伴，与两个表兄弟之间的亲情纽带部分地填补了太郎内心的缺口。那是我哥哥的两个儿子，一个比太郎大2岁，一个比他大4岁。两个人在纽约一起长大，母亲是美国人。我们经常在假期聚在一起。观察不同的教育价值观和环境如何影响一个孩子的成长是一件很有趣的事。有一年的圣诞节，大家都在东京，三个男孩在玩积木，偶尔哪个就快搭建完成了，就闹着要推倒对方的建筑。比太郎大两岁的拓真才5岁，像他曾经被教导的那样小心翼翼地问太郎：“太郎，要是我弄坏了你的积木，你会是什么感受呢？”

太郎沉默了一会儿，然后一拳击倒了自己刚搭建好的塔，说：

“我会在你之前哦。”

还有一次，拓真不停地问太郎：“你还记得你真正的妈妈长什么样子吗？”

“久美姑姑现在就是太郎真正的妈妈。”我哥哥说。

“你明白我的意思吧，我问的是你真正的妈妈。”拓真追问。太郎没有说话，似乎在等别人给出正确的答案。我曾多次告诉太郎，他是被领养的，他的到来对我们来说是一件多么美妙的事。但这些都是我们私下的谈话，从来没有当着他的面公开讨论过。嫂子解释说，对于拓真来说这是一个常见话题，因为“拓真班级里的所有亚洲孩子都是被领养的”。

2008年6月20日

今天我和表哥们去吃韩国烤肉了。大哥哥和真的拿手菜就是肉。拓真哥哥负责给我们讲好玩的电影和有趣的事情。和真哥哥还教了我怎么样才能吃到最美味的肉。最有意思的就是和拓真哥哥争夺烤肉架。你可以在有火的地方把肉烤好，所以我们俩就在比试，看谁才能在那里烤肉。我跟和真一起吃了甜点。我想变得和他们两个一样。就是，要很有趣，要懂很多电影，还要会烤肉。

* * *

运动会当日，天气闷热，家长们几乎一整天都坐在地上的野餐垫上，许多人撑着黑色的遮阳伞，伸长脖子去看孩子们的表现。其实运动会本该是欢乐的家庭时光，母亲们应该一心一意地观看孩子们的比赛，而不是和其他人社交互动。有一年运动会结束后，我加入了其他母亲，和老师一起光着脚用甲板刷清理操场边上的水泥走道。我记不清自己是怎么加入清理大军的队伍的，但我知道这是一个展示自己忠实履行学校义务的好机会。每年，学校会在当地礼堂举行一年一度的年终音乐会，家长们同样会早早排起长队，占一个好位置。每个年级都会表演几首歌，如果哪位家长观看了自己孩子的演出后就离开，会引起大家的不悦，所以每次都要花费几个小时。在十二月的长跑比赛，父母们冒着严寒站在赛道旁，为每一个孩子呐喊加油。至于冬季举办的烤土豆节，孩子们负责收集树叶和柴火。而母亲们负责挖地坑，煮蔬菜，点火，然后使劲扇风，这样在孩子们回去上课的时候，灰烬下面的炭火才能一直保持通红。等到孩子们吃完了美味大餐，母亲们又化身成灭火小分队，把地坑里的火一个一个灭掉。我有一件破烂的外套和一副老旧的术后护目镜，是每年在飞旋的烟雾和灰尘中的必备武器。

2008年7月4日

每年的运动会妈妈都会做布朗尼给我吃。

布朗尼是一种美式巧克力蛋糕，做出来就像盒子封面上的一样。

今年，我想妈妈还是会做出超级美味的布朗尼，发给大家吃。

1. 布朗尼最好吃的部分就是边边了。因为它很硬，尝起来像巧克力。

2. 和香草冰激凌搭配着一起吃很赞。

不过有一点要注意。布朗尼很黏，会粘在你的牙齿上。有一次妈妈补的牙就被布朗尼粘掉了。

参加学校的各种活动要投入大量的时间，有些活动还会让人身体不适，这些对我来说已经成了一种负担，但其他母亲似乎乐在其中，享受着共同参与而产生的同志情谊。当然，你永远不知道什么时候会听到一些重要消息。有时也会有惊喜。太郎的班级在四年级躲避球锦标赛中获胜时，那一刻的欢欣喜悦，我永远也不会忘记。他所在的班级一直处于劣势，班主任原田老师一年前才开始教书，还很年轻，也缺乏经验。为了提升自己较低的地位，原田老师求胜心切，给孩子们看了全国躲避球冠军赛的录像，并且承诺如果赢了就请大家在教室吃比萨，这让孩子们兴奋不已。孩子们在课间和放学后刻苦练习了好几个月，团队精神飙升。当终场哨声响起，太郎的班级排名领先，孩子们激动地跳了起来，许多母亲，包括我，都无法克制地流下了眼泪。

2009 年 2 月 27 日

今天，伴随着全场雷鸣般的掌声，我们在躲避球锦标赛中获胜了。之前常挂在“南”班教室的奖牌，现在终于挂在“北”班教室啦。这是我的战利品。被“南”班的教室拿去用了太久了。

我摸了摸奖牌。四年级，我终于第一次把它拿在手里。我从没想过，胜利会这么感人。

“哇……”我不知道该说点什么了。看到它，就能想起很多回忆。每天都好期待去上学啊。

* * *

每位母亲都被要求为家长教师联谊会服务一个学期。期间家长承担的职责包括组织学校和班级活动，举办筹款活动，以及担任学校和家长之间的联络人。孩子上低年级时，分配给母亲们的工作是最容易的，难度要远低于高年级孩子的母亲们所担任的领导职责。低年级的母亲们会通过几轮激烈的猜拳游戏来竞争联谊会的职位。有一位决心取胜的母亲还专门去了以售卖幸运红色内衣闻名的商店购物，在竞选的重要日子穿了一身，但还是输了。幸运的是，我在太郎上二年级的时候成功当选了“班级妈妈”。这个时机再合适不过了，因为分配的工作任务都比较简单。加上我们对学校文化有了一定的了解，可以避开让那位在一年级担当联谊会代表时被霸凌的母亲犯错的陷阱——不论这陷阱是什么。除了组织几次班级联谊会，我还负责为全校级别的联谊会会议采购果汁，并把果汁盒在桌子上精心陈列好。会场内数量众多的折叠椅也由我来摆放，之后再收起来。和其他活动一样，联谊会的聚会也需要提前写好脚本。在联谊会主办的讲座上，观众们向嘉宾问的都是事先安排好的、不痛不痒的问题。除了联谊会的工作，母亲们每个学期还要负责进行“交通巡逻”，好让孩子们在乘车从学校到当地火车站回家的路上保持安静。我们会戴上学校的臂章以表明自己在为学校值班，然后坐上公交车陪孩子们到火车站，希望我们的努力能够抵挡其他乘客对校车上挤满了吵闹孩子的一贯抱怨。之后，家长们会根据自己的观察上交一份详细的报告。我写了一些内容，比如：“一些孩子在付费电话附近徘徊，我告诉他们不要再玩了，赶快回家。”

2008年3月7日

外婆不知道的一些事

她不知道Docomodake。*

她不知道东京马拉松比赛的获胜者是谁。

她不了解我的学校。

她不知道为什么天空是蓝色的。

今天外婆来了家里，因为妈妈忙联谊会的工作。这些事都是我是和外婆在钢琴课后走路回家时发现的。

当我问外婆："您知道Docomodake是谁吗？"她说："我不知道呀。"所以我就发现啦。

在公寓旁的红绿灯前，外婆说："那片云好像一头鲸鱼。"我和外婆一边看云一边走着。当我们回到家，鲸鱼已经不在那里了。我想："外婆的视力可真好。"好希望外婆可以再来陪我。

---

* Docomodake是日本电信电话公司DoCoMo的吉祥物，造型是小蘑菇。

一开始，你很难注意到母亲们在学校事务中付出的辛勤劳动和精力，因为她们极其谦逊。太郎五年级时，他的一个同学写了一篇报告，内容是“二战”期间日本战俘在澳大利亚展开的一次越狱行动，并因此受到了表扬。当我给这位同学的母亲发电子邮件表示祝贺时，她回信说她对此一无所知。

“都是我女儿自己做的。”她回答。我对一个五年级学生能独立完成这些感到印象深刻，但我应该再多了解一下的。学校项目展特别展示了这位母亲的手写记录，内容是她如何指导孩子做研究；而女儿在引言里也对她的母亲表达了感谢：**“妈妈带我去了图书馆，还帮我整理了照片。”**在美国，父母可能会拒绝参与到孩子的学校项目中，好锻炼孩子的能力。但同样的回应在日本可能另有原因。这位母亲在我面前一直很谦虚，认为她女儿的报告不过是小孩子胡乱拼凑起来的结果，不值得我关注。日本人经常责备自己，赞美别人。社会学家认为这种行为可以避免冲突，帮助这个拥挤的国家维持和谐的人际关系。谦虚使人安心。

这种无处不在的恭敬行为一直是我最难掌握的文化特质。虽然我是由保守的日本父母养大的，而且生命中有一半的时间都是在日本度过，但是谦逊和现实之间的差距仍让我感到困惑。前纽约洋基队球员松井秀喜在获得了2009年棒球世界大赛最有价值球员称号后，对一个日本电视台的记者说，他一直问自己：“我真的做了什么了不起的事吗？”松井秀喜所展现出来的举止谦逊而高贵，很有魅力，这是我可以理解的。但如果一位母亲，对她亲自监督和参与完成的研究报告装作毫不知情，这不就是纯粹的不诚实吗？

我断定，母亲们的自我鞭笞一定程度上是一种遏制竞争的策略。她们经常抱怨孩子太懒惰，能力差，成绩也不好。之前听到这样的话，我会松一口气，原来太郎并不是唯一一个不愿做作业的人，后来我发现，那些妈妈口中所谓的“小懒虫”实际上都是尖子生。一次又一次，我把妈妈们面上说的话当真，然后觉得自己被骗了。如果连我都会被这些话所迷惑，非日本人就更加无法理解了。确实，根据互联网调查公司 Dimsdrive* 2007 年进行的一项关于日本人的调查，“节制和谦逊”是最令外国人费解的文化行为之一。至于这位精通战争史的母亲，我试着超过她，把姿态放得比她更低，于是在给她的邮件中写道：“真是一份超前的研究报告，能和您女儿在同一所学校读书，是我们莫大的荣幸。”

* * *

虽然母亲们表面上都很有礼貌，但绝不是好说话的人。当涉及教育水平问题时，她们会展现出极强的关切心。太郎从三

* http: //www.dims.ne.jp/rankingresearch/101_150/111/002.html.

年级到六年级的班主任——原田老师刚刚研究生毕业，还是个新手，许多母亲都怀疑他的能力。当原田老师指导班里的话剧演出时，一位母亲直接在家长会上说："您刚来，可能对话剧不太了解。如果您需要帮忙，请告诉我们。"

其实她的意思是："直接把舞台指导交给我们来负责吧。"后来，在原田老师的数学课上，一群母亲当场质疑了他的教学方法。

"您喜欢数学吗？"一位做科学研究的母亲问。她讲话很客气，还用了恰当的敬语，但明显带有挖苦讽刺和居高临下的意味。听起来更像是："**你真的喜欢数学吗？**"

在日本，教师历来是一种受人尊敬、收入丰厚的职业，其使命不仅限于学术教育，还包括对学生进行全方位的塑造。过去，老师们常常进行家访，到学生家里去察看他们的家庭环境，不过这种做法现在越来越少见了。和同学们一样，太郎在暑假期间会给班主任寄明信片，汇报自己的日常活动，老师也会给他回信。但是，家长和老师之间相互尊重的关系正在发生变化。一些时刻盘旋在孩子身边、过度保护孩子的"直升机家长"（在日本被称为"怪兽家长"）会滔滔不绝地对学校提出各种要求，比如更改成绩单，在孩子们操场打架之后偏袒其中一方，或者重新拍一张好看的年鉴照片。家长们通常会向学校的老师打电话抱怨，在更极端的案例中，他们甚至会去老师家里进行骚扰或起诉老师。东京近一半公立学校的教师现在都购买了责任保险，这类保险专门针对此类情况设计，为教师们提供保障。*

2002 年，东京北部埼玉县一家日间托儿所的负责人在该中心的游乐场自焚后，“怪兽父母”一词迅速走红。她在遗书中写道，她的自杀与一个男孩父母的长期投诉有关，这名男孩在日间托儿所与另一个孩子发生口角时刮伤了自己。一项政府调查显示，与 1989 年相比，公立小学和初中的教师因精神疾病而请病假的案例在近十年内增加了两倍。† 另一项独立调查称对于校长们来说，处理家长们的相关事宜是造成压力的首要原因之一。‡

当然，我不会把在学校认识的母亲们都归类为怪物。但我在学校时，确实觉得一些极端的家长符合“怪物父母”的人设。在一次全校级别的家长教师联谊会会议上，校长给大家讲述了老师们的日常安排，解释说教师的职责除了上课之外，还包括各种内部会议和研究项目，以及兼顾各个委员会的工作和指导学生俱乐部的活动。日本教师每天的工作时间通常长达 12 个小时。§

校长说 :“我讲这些，并非要求大家不和我们讨论问题，只

---

* http: //www.newevery.com/about/#sec4.

† http: //www.mext.go.jp/b_menu/shingi/chousa/shotou/088/shiryo/_icsFiles/afieldfile/2012/03/16/1318684_001.pdf.

‡ http: //www.mext.go.jp/b_menu/shingi/chousa/shotou/088/shiryo/_icsFiles/afieldfile/2013/02/26/1330868_05.pdf, page 5.

§ http: //www.mext.go.jp/b_menu/shingi/chousa/shotou/088/shiryo/_icsFiles/afieldfile/2013/02/26/1330868_05.pdf, page 20.

是想让你们了解教师的日常安排。”这时坐在我旁边的一位母亲弯下腰窃窃私语道：“怪物对策！”

我确实和一位母亲有过摩擦。在四年级的烤土豆节上，富田良子，一位古板又矜持的妈妈，走到我面前，问我是否有时间讨论一些事情。我跟她除了在学校活动中偶有闲聊外，几乎没有联系。

“我知道他可能没有什么恶意，”她开始说，“但是弥太郎君一直在对我们家忠树做 kancho 的动作，忠树很不喜欢。”kancho，字面意思是灌肠，是一种恶作剧。孩子们，多数是男孩子，在嬉闹的时候会跑过去用手指戳别人的屁股，高喊着 kancho！这种事的确让人不快，但大家一般不会特别严肃地对待它。然而，太郎如此不成熟的行为还是让我感到失望，而且我更害怕另一位母亲因此变成敌人。我一再道歉，并告诉她：“太郎一向不听我的话，我会和老师讨论这件事的。”

但是当我告诉原田老师时，他说：“哦，是富田女士吧？她总是在抱怨。男生们都喜欢玩 kancho，这没什么大不了。”

我反驳道：“但是四年级的孩子确实不该玩这种游戏了，能不能请您让太郎不要再这么做了？”我也对太郎说，不要玩这种愚蠢粗俗的游戏，尤其是当对方不喜欢的时候。起初，他坚决不承认参与了这件事，然后才抱怨说忠树就是个爱告状的小孩。由于担心他会把怨气发泄到忠树身上，我决定不在这个问题上跟太郎唠叨太多。

我对富田忠树了解不多，毕竟太郎和忠树并不是特别好的朋友。据我所知，忠树是一个安静的孩子，在学校里各科成绩都很好，包括体育。一年级时，我曾经见过他亲切地提醒太郎，在上课前把课本打开到正确的页码。富田良子在一年级时曾是家长教师联谊会的班级代表，似乎很有效率地履行了身为财务主管的职责。她给我的印象是讲话温柔，沉默寡言，但很有才干。回想一下，我才意识到，早有迹象表明她是一个过度溺爱孩子的母亲。有一次，在从学校到火车站拥挤的公交车上，一对母子进入了我的视线。当时正上一年级的忠树是唯一一个坐在母亲旁边的男孩；而其他的孩子们都站着在车里聊天。另一位妈妈告诉过我，孩子们上二年级时，她无意中听到了良子在一次家长会上斥责森町老师，要求他对班级更负责任一些。当时有传言说，因为忠树在夏天写的插图日记有几页被森町老师弄丢了，良子对此一直怒气难消。

kancho 事件过去了大概六个月后，有一天晚上，我收到了一封良子发来的电子邮件，说稍后会给我打电话。我正忙着收拾行装准备去旅行，想到又得和她打交道，心里很不痛快，我猜这次又是为了太郎的恶作剧。

“你又做什么了？”我问他，“忠树的妈妈说想跟我谈谈，所以你最好现在就告诉我你都干了什么事，这样我好知道怎么回应她。”

太郎告诉我，是因为在学校的时候，一群男生正在教室里把身上的网球服换成校服。其中一个男孩说："忠树喜欢聪子。"

于是太郎走到忠树跟前，开玩笑地说："所以你喜欢聪子，这是真的吗？"忠树一拳打在太郎的脸上，太郎一把将他推开。两个人都没受伤。但忠树去向原田老师告了状。老师让所有的男生互相道歉，并对忠树说，他应该先尝试着自己和其他男生解决问题，而不是一有什么事就直接找老师。这次我对太郎进行了"宽大处理"，因为我开始觉得良子可能有些反应过度了。

"好吧，可你不应该还手的，"我告诉太郎，"取笑别人是很不好的行为，如果你不还手，你可能还是个好孩子。因为你也动手了，所以现在你和他一样是个坏孩子。"

但是良子心里其实装的是另外一件事。她说太郎在网球场上戏弄了忠树。我为此向她道了歉，但没忍住告诉了她男孩们在教室里打架的事。良子说忠树并没有跟她讲过，还担心忠树没办法维护自己的权益。

"至少忠树还有勇气给别人一拳。"我说，真心实意地努力想让她振作起来。

原田老师后来跟我讲，太郎告诉我的基本没错，但他遗漏了一件事。当老师让所有的男孩互相道歉时，太郎拒绝了，还因此受到了斥责。太郎的论证是，他没有做错任何事，他只不过是传达了别人说过的话而已。他只是个传话筒。

2009年5月16日

今天我在井之头恩赐公园和别人打了一架。其实另一个孩子也没有打我之类的。我在帮别人捡贝壳。因为没办法穿着鞋子下水，于是一个孩子就把他的网借给了我。事情是这样发生的：

他："喂，你的网哪儿来的？"

我："是他借给我的。"

他："过来给我。我先到这儿的。"

我："想得美，用你自己的去。"

他："你几年级的？"

我："四年级。你呢？"

他："三年级。"

我："如果我说自己是二年级，你肯定会说要我听你的。"

他："我可没说过。"

这就是整个事情的经过了。这件事看起来好像并没有要结束的样子，于是我说："哦，那就行。"然后就不理他了。

几天后，那家伙在树间搭起了吊床荡秋千。气死我了！

在小学的最后两年里，良子再也没有直接向我抱怨过，但她还是继续和班上其他男孩的妈妈们联系，抗议他儿子在学校遭受的待遇。多数母亲，比如我，为了避免进一步的冲突，都会道歉然后转过身去责骂孩子。良子还要求学校加强监管，声称她儿子是校园群体霸凌的受害者。太郎告诉我，有一天在饭桌上发生了点争执之后，一个女孩说："千万别去惹忠树，他会打小报告，然后他妈妈就会气冲冲地跑来学校的。"

原田老师急于平息眼下这恼人的局面，要求部分家长直接向良子道歉。一位母亲拒绝了。

"忠树说我儿子'肥'，还说我儿子穿的衣服土气。忠树的妈妈根本不知道她儿子才是那个坏孩子。"她告诉我。

另一位母亲——我很钦佩她的大局观念，说道："我告诉老师，'如果能帮上忙，我愿意道歉，我会的'。但是我什么也没跟我儿子说，因为这简直太荒唐了。孩子们应该自己解决矛盾。"

是啊，理想情况下是这样的。但对于长期生活在高度结构化的环境中的孩子们来说，这样的要求太高了。母亲们也是如此，她们太专注于让孩子表现得更好，太希望自己能和其他人和睦相处，所以在表明立场这方面，她们并不是好的榜样。

在母亲们努力维持正常周转的时候，孩子们正逐渐被卷入他们自己的竞争中。

2009年5月8日

“没劲儿，好无聊。”去上课的路上我一直在想。远方的天空阳光灿烂，我头顶却还在下雨。“说不定……”我思索着，抬头望望天。耶，我是对的。天空中出现了一道彩虹。我正望着它时，妈妈骑着自行车过来冲我喊：“好了，快走吧。”

“可是彩虹……”

“嗯，真好。”说完她按了按自行车铃，让我再骑快点。除了想着让我快点去上课，妈妈满脑子基本不会思考别的，因为等我去了学校，她就可以享受一个人的美好时光了。

我已经很久没见过这样绚丽的彩虹了，所以想确认一下自己是不是看花了眼。我好想确认一下，我可以去确认的吧，我现在就可以确认。

到底是谁总在抗议：“这完全是浪费钱，你应该从这所学校退学”？我冒出一个想法：我不一定非得从私立小学退学。还有很多其他可以放弃的东西：补习班，钢琴班……但即使我放弃它们，我的命运也不会改变的。

竞争

2009年2月2日

我坐在浴室外面的地板上，背靠着门。太郎被关在壁橱大小的浴室里，手里拿着笔记本和铅笔。除非他把科学题解出来，否则我是不会放他出来的。我们之间形成了一种病态的幽默感，偶尔我会从门底下塞一颗 M&M 巧克力豆进去，好让他能够支撑下去。如果我觉得他没有在认真思考问题，就摁一下外面的开关，把灯关掉。太郎很怕黑。

我们是怎么走到这一步的？在这之前发生了一场持续数小时的写作业大战。自从他四年前开始上学以来，几乎每天都是如此。那天，我想让太郎准备科学考试。一如既往，我花了一个小时左右说服他在餐桌前坐下。不一会儿他就开始有一连串的小动作：玩弄铅笔，眼神飘到课本的其他部分，然后抓着一本书或一个玩具，逃到沙发上。我一直默默忍受，哄他回去学习，内心的怨气却在不断滋长。我都是为了他好，但他却一再粗暴地拒绝。太郎的班上的其他孩子似乎都没有这样的问题。在学校安排的一次家长座谈会上，当我表示“太郎实在太叛逆了”的时候，和我一组的其他五位妈妈都没有提到类似的困难。好几次，我没有做任何准备就送他去上学，希望来自同学的压力或老师的督导能刺激他努力向上，结果一点用都没有。太郎看起来没有理会任何训诫，我担心如果任凭他这样漫无目的下去，他会远远落后，永远追不上大家的脚步。后来我发现很多孩子都在做 sakidori，字面意思是“提前掌握”——通过在家里做练习题或者去课后补习班来提前掌握课程内容，这样一来，在学校里上课就等于又复习了一遍，难怪太郎的学习成绩被大家远远甩在后面。更折磨我的是，四年级的课程对我来说太难理解，总得去网上搜索答案。我一边吃力地理解课本内容，一边努力让太郎坐在椅子上写作业，觉得自己迟早会疯掉。所以今天，我把他推进了浴室。希望这种行之有效的“酷刑”能吓得他认真解题。

> 如果声音在 0℃的条件下以每秒 331 米的速度传播，温度每升高 1℃，速度增加 0.6 米，那么在 5℃的条件下，一个人看到闪电 5 秒钟后才听到闪电，人与闪电之间的距离是多少？

我花了一个小时，画出两列竖线，一列写“米 / 秒”，另一列写距离，然后开始，在 0 和 331 之间画一条水平线，在 1 和 331.6 之间画一条，在 2 和 332.2 之间画一条……以此类推。

“你看，是这样的，温度每上升 1 度，速度会增加 0.6 米吧？”我一遍又一遍地问太郎。

太郎没听懂，也许根本没留心听。也许他还是看不明白其中的规律，又或者是我解释的方式不对。后天就要科学考试了，如果他考得不好，成绩单上就拿不了 A。如果太郎在四年级的科学考试中拿不到 A，会怎么样呢？即便处在狂怒之中，我也知道这不是世界末日，但同时又很清楚好成绩会让太郎高兴，还能提高他的自尊心——也许这会激励他努力学习？如果停下来想一想，就能明白一直以来，拿了高分的喜悦感并不能成为太郎学习的动力。可是我仍然抱有信心，觉得这次可能会有点用。还有，好成绩会让我为他感到骄傲，不仅因为他学有所成，也因为这样会大大提升我在妈妈圈子里的地位。太郎在最近的一次科学考试中取得了全班第二名的好成绩，当其他人称赞我时，我心满意足，陶醉其中。更妙的是，考第一名的孩子的母亲是一位科学家，在我看来，这种竞争优势本身就不公平。

但当我靠在浴室门上时，脑子里根本没空想这些。每当太郎试图从另一边推开门，我便用力堵着。我对这次科学考试感到很忐忑，而且也为其他课程的作业而感到烦恼。除了科学之外，这周还有阅读理解和古诗测试。下周的安排是：能够识别日本的 47 个都道府县和首府所在地，学会用天平称重，以及参加 1500 米赛跑。已经快到夜里 9 点了，而我们还没有吃晚饭。

2008年2月15日

在沙发上弹东西好像没什么弹力，但是轻一点的会好一些。我在沙发上看漫画，这就是我在家里有空时会做的事情。沙发上有一条白毯子。这是一个放松心情的好地方。

* * *

什么才是最佳的教育方法？在日本，人们对此争论不休：是通过简单直接的测试来检验记忆的传统方法？还是鼓励创造力和创新的灵活教育法？太郎入学的私立小学采用的教育方法位于这一光谱中相对传统的一端。由于大学入学考试十分严格，在日本的学校里，机械而刻板地记忆事实一直是一项宝贵的才能。然而，自20世纪80年代左右起，越来越多的人开始批评这种浅薄的学习方法，将其称为“填鸭式教育”，认为这样培养出的孩子无法跳出思维定式。作为对这些指责的回应，日本政府打出了“宽松教育”* 的旗号，削减了学时和课程。然而接下来在全球性的比较测试中，日本学生在数学和科学上取得的宝贵高分开始下跌，而他们的独立思考能力并没有得到显著提升。大家纷纷指责是“宽松教育”造成了学生的成绩下滑，于是教

* 所谓日本的“宽松世代”指的是接受2003年起新实施的“学习指导纲领”（大规模削减了课程内容和学习时间）的一代学生，出生在1987年之后的学生是第一批接受新的“宽松教育”的“实验品”。——译者注

育的钟摆又摆了回来，课程和课时又开始不断增加。2011 年，政府开始逐步取消“宽松教育”政策——就是太郎将要从小学毕业的那一年。不过这些对太郎都没有造成什么影响，因为学校从来就没有重视过这个政策。

尽管让太郎学习是件无比艰难的事，我还是倾向于传统的教育方法，尤其是孩子还在低年级的时候。一位住在纽约的朋友自豪地告诉我，她的儿子就读于当地最好的公立学校之一，那里的孩子们会通过假装经营一家面包店、计算店铺的销售额和利润来学习数学。而我相信让太郎把乘法表背熟是更为有效的办法，这也正是私立小学的教育方法。“这是一项终身技能，”森町老师告诉家长们，“必须让它成为孩子们身体的一部分。”

但我也认为，学校的确给学生设置了一些不必要的高难度障碍。太郎喜欢看书，可是他的阅读测试成绩往往很差，经常被一些没必要那么难的问题难住，这些问题都很典型，比如：“根据时间、地点、人物和主人公的感受，将这篇文章分为四节，并写下每节第一行的行数。”在一次英语对话记忆测试中，太郎也被扣了分，因为他没有做出相应的手势。事实上，参加测试本身就是一个挑战，因为老师要求孩子们在课间休息时主动去教室进行测试。太郎花了几个月的时间才做到这一点。每次他怀着美好的意愿走向英语教室，路旁操场上的景象都会诱惑他离开。

那天晚上的厕所僵局是怎么结束的呢？太郎最终还是给出了正确答案，但是这之后还能不能答对类似的问题就不好说了。

我们都喜欢在晚饭前把作业做完，哪怕双方都迅速失去了耐心，效率急剧下降，还是会在争吵中吃力地完成剩下的作业。太郎9岁时，经常在夜里10点钟吃晚饭，午夜才上床睡觉。当他在家里深深的日式浴缸里泡澡时，我必须保持警惕，因为他有时会在里面打瞌睡。

* * *

怀着后悔和羞愧的心情，我要承认的是，除了把太郎推到浴室里，我还曾经在公寓里追着他跑，拽着他的胳膊或腿把他拖回到桌子前。

“你到底是怎么回事？你足够聪明，就是太懒了。”我常这样冲他喊，“你的朋友们都写作业，我真希望你像他们一样。”

“不，他们不写。”

“闭嘴。”

“我做不到。”他总是这样回答。

一旦觉得他根本没有在听我说话，我就会失去控制，打他一巴掌或者揪他的头发。而太郎会转身向我冲过来，用他的小拳头猛击我。有几次我走出公寓大门想冷静一会儿，希望太郎独自一人在家会感到害怕，结果完全没有用。他会利用这个空闲看电视，然后从里面把门反锁上，这样我就进不去了。除此之外，我还担心在附近遇到学校里的其他母亲，如果被她们看到我在天黑后漫无目的地骑着自行车，或者在晚饭时独自坐在咖啡馆里，我该做何解释。堂姐告诉我，她曾经把女儿锁在阳台上，用这种方法让她学会了发自内心地敬畏神灵。我也试了一次，结果太郎立刻爬上我们二楼的窗台，大喊大叫："救命！"所以我不得不在邻居叫警察之前把他带回屋子里。

有几次，我拒绝做晚餐给他吃。每逢这种时候，太郎就会央求我一个多钟头，伴随着他那歇斯底里的哭喊声："晚饭，做晚饭。"这声音至今还萦绕在我心头。还有好几次，太郎把我的手机扔到房间的另一头，手机的边角砸在镶木地板上，摔出了缺口。每次拿到商店里去修，我都很不好意思，告诉店员自己也不知道发生了什么，不过"家里的确有个淘气的男孩子"。我们两个人互相对峙的时候，太郎经常打电话向我母亲告状，告诉她我有多讨人厌。对他来说，外婆对他的爱是坚定的、无条件的，而我本来也应当如此。电话里，我母亲会一边听，一边试图转移他的注意力，然后和我通电话，告诉我不要弯着腰像个孩子一样打架。

"你要在心里默默数十个数。冷静下来，他还小呢。"母亲会这么说。道理我都懂，可是每当我紧盯着太郎写作业时，压根不想听这些。所以我和母亲也会争论，而且几乎每次到最后她都会说："好吧，孩子是你收养的，那是你自己的问题。"有时，我和太郎在浴室里扭打成一团，会在墙上的大镜子里瞥见自己：散乱着头发，一张脸又丑又凶。

2009年1月28日

今天一回到家，妈妈就像个老妖婆一样冲我喊："写作业去！"

我手上只有一份作业，以为这就是全部，但是妈妈让我去准备一门考试，然后学一些其他东西，再准备一门考试——这次不会花费太太太多的时间。过了一会儿，门铃响了，外婆走了进来。今天我要去外婆家。因为妈妈要去参加一个生日聚会，所以不在家。第二天我就从外婆的家里出发去学校。之前我们搬家的时候，新房子还没准备好，我就从外婆家出发上学。我们曾经在驹込住过，从那里出发去学校的路线相同，所以我已经习惯了。那儿也住着好多五年级的学生。我坐火车去学校已经有一段时间了。

在日本母亲中，我并不是唯一一个因为试着让孩子学习而大发脾气的人。一天傍晚，我正穿过小区建筑群走向自家的单元楼，听到好几户人家里都传出妈妈和孩子的叫喊声。有一个小男孩，年纪可能和太郎差不多大，用粗鲁的言语高声叫喊着："我告诉过你了，我听不懂！"我可以想象出那时的场景，愤怒的母亲质问自己的儿子是不是真的不会，连这么简单的问题都解不出来。之前我在纽约看了一部日本电影，有一处情节是母亲把儿子的书包狠狠地扔向了他，当时我听到观众们倒吸了几口凉气。我侧过身去小声地对我的美国朋友说："我也这么做过，而且我好多日本朋友也会这样做。"

这些愤怒之举到何种程度会构成对儿童的虐待？我不知道，但我确实担心如果没有更强的自制力，自己可能也会走到那一步。每天早上看到太郎出门，我都会为前一天晚上的言行感到内疚。当我下班或出差回家，拿钥匙开门时，都发誓要做一个有耐心的妈妈，好好给太郎一个拥抱，而不是一味地发脾气。然而，每次为开始写作业这件事磨蹭15分钟左右后，我们就又打了起来。毫无疑问，太郎内心的愤怒也在越积越多。在日本，青少年杀害父母的事件受到媒体的广泛报道，而孩子的犯罪动机正与父母施加的学习压力有关。2006年，一个16岁的男孩在夜里纵火，点燃了房子，他的继母和同父异母的弟弟与妹妹全部死于这场火灾。这名少年表示，他想要摧毁他那充满压力的世界，其中包括每当他在学业上表现不佳时，就会遭到父亲的殴打。另一起儿童谋杀父母的案件发生后，我在电视采访里看到一名女性路人说："我实在无法想象我的儿子会做那样的事。"我记得自己心里当时想的是，如果是太郎，我可能不会下这样的定论。

* * *

现在是我们争取第三方帮助的时候了，我开始打听补习班。在以前，补习班只提供指导，以帮助学生准备各种入学考试。后来这些补习班逐渐扩展，开始满足更为广泛的需求，为学校设置的课程提供补充教学：从课后补习到超前学习，各种项目应有尽有。这些补习班类型广泛，既有私人经营、在家授课的补习班，也有全国性的连锁学校，其中一些连锁学校甚至开设了入学考试来筛选学生。在日本，大约25%的小学生会去补习班，来强化在学校的学习成果，或是为初中的入学考试做准备。* 太郎所在的私立小学里的多数学生已经被附属初中录取，所以他们不必为了入学考试而死记硬背。但许多孩子为了能够学到超越课堂的内容，还是会参加补习班。我的搜索范围限定在小班教学的补习学校，因为觉得如果身边有太多孩子，太郎一定会分心。之前看过的一家补习学校可以提供私人辅导，但是教室很小，还没有窗户，我在屋子里站了没多久，就感觉墙都要塌了。另一家所谓的“私人辅导”其实是老师走在一排排的课桌中间，沿途给学生指点课业。最终，我选定了我们小区的一所补习班，教室是开放式的，宽敞明亮，学生们一到四人一组，围坐在老

---

* http: //www.mext.go.jp/b_menu/houdou/20/08/icsFiles/afieldfile/2009/03/23/1196664.pdf, 8.

师周围上课。

第一次，太郎被分配到了一个上了年纪的男老师的组里，大家一致认为他是“教学经验丰富的老师，和蔼可亲”。上了大约一个月的课，老师告诉我他对太郎无计可施。

“他到底学了些什么啊？我从未碰到过这样的学生，上课讲的内容完全超出了他的学习水平。”老师满心愤懑地说。

这让我感到有些意外，因为除了告诉我上课“还可以”或“很无聊”，别的太郎什么都没说过。正当我打算向老师追问更多细节时，主任把我叫到了一边。我想他大概是担心老师现在过于情绪化，可能会有侮辱客户的风险。通过主任的谈话和太郎的反馈，我大概清楚了：太郎在课堂上总是一副傲慢无礼的样子。首先，除非有人要求，他不会主动拿出笔记本和铅笔。其次，他似乎都不认真听老师讲解。于是这位老前辈最终发了火，打了太郎一巴掌。可是太郎没有因为恐惧而努力学习——这是老师期待的反应——而是生闷气。我十分理解这位老师是如何被驱使着动手打了太郎，但在我看来，一个拿薪水的专业人士竟会失去控制，这是不可原谅的。尽管如此，在急需帮助的情况下，我还是选择留在了那所学校，并提出给太郎换老师。太郎同样考验了其他老师的耐心，但老师们都默默忍受了。

“这超出了太郎的学习水平。”自从我问过森町老师，太郎是否有学习障碍后，这种可能性一直萦系在我的脑海中。所以最后，在太郎 8 岁，也就是三年级的时候，我决定请一位专家给他做评估。东京只有区区数个中心研究儿童成长问题，等待测试的儿童名单有一大长串。而我在日本没有遇到类似问题的朋友可以咨询，或者说，至少没有朋友向我透露过有类似问题。太郎的学校里也没有辅导员，这对于私立小学来说很寻常。最后考虑到美国的资源更加充足，我带太郎去纽约做了评估。

“你说的这些问题都没什么可大惊小怪的，”我讲述了我与太郎的争斗，精神科医生听完后回答，“听起来像是典型的注意力缺陷多动障碍（ADHD, 全称为 Attention deficit hyperactivity disorder）。”

听到医生的话，一阵失望袭来。我对这个病的印象就是一个失控的孩子，没有人愿意和他交朋友，而身心俱疲的父母也已经放弃了对他的管教。刚刚在等候区，我就看到了这样一对母女：一个和太郎年纪相仿的女孩冲进等候室，径直朝太郎堆好的积木跑去，把它们打翻在地，而那位母亲则用一副无可奈何的神情看着她。接着，从其中一间诊断室里走出一位日本女人，停留在儿子身边，反复叮嘱他：“什么都别碰。”当然，太郎和那些不受控制的孩子们不一样。但在进一步的测试后，医生们得出结论，虽然他很可能没有学习障碍，但他“患有注意力缺陷多动障碍，注意力缺陷为主型”。

“一般这种情况，我们推荐给孩子吃利他林*。”精神科医生说。我又一次退却了。在我看来，太郎被诊断出患有行为障碍已经够糟糕了，服用药物则显得病情更加严重。太郎不做功课，已经快把我逼疯了。但是让他服用这种中枢神经兴奋剂，通过影响大脑里的化学物质来养成习惯，这会是解决之道吗？在测试过程中为太郎进行翻译的是一位日本精神科医生，他这样表述了我的抵触情绪：“日本和美国对待药物的态度存在文化差异。在日本，ADHD 的药物治疗一般是迫不得已的最后手段，要尽可能的保守和短期使用，而在美国，如果药物治疗有效，人们就会吃药，而且服用药物的时间要尽可能长。”事实上，太郎的美国儿科医生告诉我：“就把这种治疗想象成给近视眼戴眼镜，会比较容易接受些。”

但我还是选择推迟了药物治疗。在接下来的六个月里，我们继续在东京的日本精神科医生那里就诊，他训练我使用所谓的行为疗法，用于帮助患有 ADHD 的儿童；也就是经常使用正面强化法†，并且给孩子设定容易实现的目标。我不是一个善于夸赞的人，而且我敢肯定，这很大程度上是我的成长经历造成的。我的父母都很爱挑剔和批评别人。我几乎回想不起来父亲

* 利他林（Ritalin），是哌甲酯（Methylphenidate）的商品名，哌甲酯是一种中枢神经兴奋剂，被广泛应用于注意力缺陷多动障碍的治疗。——编者注

† 正面强化（Positive Reinforcement），即用某种有吸引力的结果对某一行为进行奖励和肯定，以期在类似条件下重复出现这一行为。——译者注

有哪次赞赏过我做的事情，母亲则会经常指出我做人的失败之处。她把太郎的叛逆归咎于我拙劣的育儿方法，还要我多向哥哥和嫂子学习，称嫂子总是心平气和地劝导孩子们，而不是没完没了地责骂他们。如果我反驳说他们有来自配偶和家庭成员的支持，而我没有这样的支撑系统，母亲就会指责我不可理喻，无法接受批评。而且在她看来，这也是我当初没能维持住婚姻关系的原因之一。目前我还需要家里的经济支援，所以我还能跟谁顶嘴呢？在母亲眼里我的外表似乎也有缺陷，比如头发过于凌乱，不佩戴珠宝首饰，甚至连我的餐桌礼仪也变得越来越差劲。

“因为你一个人住才会发生这种事，没有人在一旁指出你的缺点，”母亲会说，“你应该对着镜子练习吃饭。”

她的建议我一直没采纳。

会不会是出于父母对我的要求，我才会用无穷无尽的规矩压得太郎喘不过气来？每隔一周，我都会向那位日本医生报告太郎没有完成的事，而每一次她都会说听起来太郎已经很努力了。有一次她告诉我，她尊重我为自己设定的高标准，但我不该把那些苛刻的标准应用到自己儿子身上。

她甚至说：“如果母亲不是那么有才干，太郎可能会更快乐。”她敦促我降低对他的期望，要大大降低。

“请您想想吧，只要太郎活蹦乱跳的，不就已经很好了吗。”她说。

*　*　*

如果精神科医生怀疑，是我固执、追求完美的天性让我难以接受太郎确诊 ADHD 的事实，那么她是对的。我认为太郎患的病是一种缺陷，并且希望当初的诊断结果是："那就是个小男孩该有的样子啊"——就像许多无知的人所说的那样。但我无法否认，每当我把太郎和他的同龄人比较时，他似乎总有些不同之处。在课堂上，他总是唯一一个不看黑板或不记笔记的孩子。而且不像其他人，太郎不会因为受到威胁而退缩，也不会为了奖励而前进。如果我为了让他完成某项任务主动请客，他所有的注意力会集中在立即获得奖励上，而忽略掉到达目的地需要走的路。他不能接受延迟的满足。令我灰心丧气的是，注意力缺陷多动障碍是太郎的一部分，在这个世界上他是我最爱的人，我却无法接受这一点。

2008 年 2 月 23 日

计算器里可能藏着一个教授。教授的脑袋里又藏着一个计算器。脑袋里的计算器里又有一位教授。这是一个无限循环。没有人会思考这样的问题。为什么呢？

抱着诊断结果可能会有所不同的希望，第二年我带太郎在东京的一个研究中心重新进行了测试。结果相差无几：太郎的注意力比一般的同龄孩子下降得更快一些。于是我又去波士顿咨询了第三位精神科医生，希望能得到我想要的诊断结果：太郎“就是个正常的小男孩”。这位医生说，根据我的描述，学校的严苛教育和我在家的责骂正在使太郎的病情进一步恶化。为了帮助我了解太郎的感受，医生对我说：“麻烦您告诉我，您最不擅长的是什么。”

我着实认认真真想了一分钟左右，想找到自己有哪些事是不擅长的，最后医生说：“行了，行了。我们就假设你唱歌不好听。你每天在学校唱一天的歌，被老师责骂。然后你回到家，还要做更多的唱歌作业……”

在此之前，我从未想过太郎对自己的病情和诊断结果会有什么感受。一位住在海外的日本朋友在她的儿子被诊断出患有ADHD后给我发了邮件，让我感到很惭愧。她写道，对她来说，最重要的是不要让儿子觉得自己是个有问题的孩子。邮件里还提到，他儿子的学校应该承担起责任，找到最适合他的教育方法，而不是反过来，让孩子来适应学校的教学方式。可是我呢，每天都说太郎多么懒散，多么慢吞吞，我又有多么希望他能像其他孩子一样正常写作业。我牺牲了我们两个人的理智，来适应这所私立小学。

另一个美国朋友问我：“你让太郎上这所小学，是不是方枘圆凿了呢？”

太郎上四年级后，我开始考虑把他转到当地的公立学校。

与现在这所学校相比，公立学校没有那么大的学习压力。我也不必继续应付这样一个死板僵化的妈妈圈子。家庭的社会经济背景越多样化，职业母亲的占比越高，越不会形成这样的圈子。我参观了一所为有特殊需要的儿童开设额外课程的公立学校，以及一所提供课后补习班的私立学校。然而，这两个学习支持项目针对的都是比太郎问题严重太多的孩子，像是连上完一整节常规课程都做不到的那种。太郎上小学的六年里，我一直犹豫不决，但最终还是决定让太郎继续留在这所私立小学，因为我觉得留下来的好处大于离开的坏处。这所私立小学的班级规模相对较小，从 28 到 32 名学生不等，而公立学校的一个班最多有 40 名学生。尽管学生群体并不像我希望的那样多样化，或许是因为这一类人群的范围非常狭窄，与公立学校的学生相比，私立的学生之间关系更友好，对母校也更有自豪感。经过长期的挣扎和争吵，太郎的学业至少达到了可以接受的水平，有时甚至更高。学校的名气也令我动摇，听我讲述完眼下两难境地的人都会问我为什么要放弃这样一所赫赫有名的学校，更别提这所学校那么难进。

最重要的是，太郎喜爱这所学校，他在学校里结交了一帮好朋友。我一点也不相信自己能在不让太郎感到受挫的情况下，向他解释清楚为什么应该转学。我应该要对他说的是他的资质更适合去一个新环境；但我怕自己脱口而出的却是：他必须要转学，因为他失败了。

2009 年 1 月 10 日

这段时间，我喜欢上了滑雪。今天我和两个好朋友在长野县的轻井泽町高原，每天早晨都有明亮的太阳。我们收集冰锥，打雪仗。

“该走啦。”走之前工作人员足足提醒了我们四次。我们去年也来过。我们几个也打了架。我们三个睡在一起，然后一起滑雪，只有在“日记时间”是分开的。晚上我们总是吃比萨。

我们甚至连吃比萨都会吵起来。

* * *

我把转学的考虑和太郎的病情当作秘密保守起来，不愿其他母亲知道。这些都在我们的无能清单上又添了一笔。我认为她们无法理解我的挫败感，因为她们中没有人提到过类似的问题，而且整个日本社会似乎对儿童的发展障碍一无所知。之前太郎在日间托儿所的一位好朋友的母亲告诉我，她女儿目前在一所竞争激烈的幼儿园里读书，她和孩子班上的其他家长一起抗议幼儿园的附属小学接受了一位有多动症的孩子的入学申请。

她说 :“他会扰乱整个班级的。”我对她说，我认为幼儿园，尤其是这种国家资助的教育机构，应该给这个男孩提供额外的帮助而不是简单地把他排除在外。在日本，“多动症”这个词越来越为大众所熟悉，但当太郎上学时，ADHD 在医学界之外并不广为人知。就连刚刚从日本一所大学获得教育学硕士学位的原田老师也告诉我，他几乎没听说过这个病症。

2008年7月10日

那个男孩9岁了。他注意力有点不太集中，但并不笨。因为他的表兄弟明天要来家里过夜，他显得十分兴奋。每当有人来过夜，他马上就变得很开心。不过他有一点很烦恼。就是蚊子总咬他。刚刚还被咬了两个包。

好吧。让我来告诉你那个男孩是谁。他就是……本日记的作者啦！！

又过了六个月，写作业大战这件事几乎没有什么进展，日本的精神科医生建议我们试试药物治疗。可供选择的药物很少。在太郎8岁那年，日本唯一可用来治疗多动症的药物是专注达（Concerta），这是一种哌甲酯缓释片，哌甲酯通常被称为利他林。后来，择思达*也变成了可用药，我们也试了这个药。利他林产生的副作用会令人丧失食欲，太郎很不喜欢，特别是学校还着重提倡“快速清盘”的午餐文化。原田老师试着减少太郎的饭量，但坚持表示他不能将太郎划为例外，太郎必须遵守规矩，把餐盒里的食物吃干净。在太郎服用专注达期间，我确实注意

* 择思达（Straterra），主要成分是阿托莫西汀（Atomoxetine），一种用于治疗注意力缺陷多动障碍的药物，属于非中枢神经刺激药物。择思达是其商品名。——译者注

到了一些细微变化：他集中注意力的时间似乎比之前久了一些。但他仍然不愿意做作业，而且在课堂上似乎仍比同龄人更容易分心。服用利他林大约一年半后，太郎开始拒绝吃药，声称药物对他毫无帮助，他想要饱食一顿像样的午餐。如此一来，我和太郎之间爆发了更多的矛盾。在早上匆匆忙忙地送他出门去上学的时候，我会撬开他的嘴，把药片塞进去，顶在他紧咬的牙齿上。太郎同意尝试服用择思达，这种药不会影响他的食欲。但我没有见到任何迹象表明择思达起了作用。最终我断定药物治疗对太郎只有轻微的帮助，他需要发展出一套自己的方法，来应对那些对他来说十分困难的任务。

我对于太郎接受药物治疗的事情一直感到不安，迷失在日本和美国对于药物治疗的态度差异之中。当我对之前拜访过的一位公立学校辅导员提到太郎正在接受药物治疗时，她说："天哪，不行。你看像昨天进来的那个孩子，一下子就把书架上所有的书都扯了下来，那才需要吃药。"另一边，我的美国朋友们都认为不给太郎吃药才是真的在害他。尽管眼前摆着一大堆给太郎服药的正当理由，但直觉告诉我还是有哪里不太对劲：太郎是一个快乐健康的孩子，有很多朋友，痴迷写作，热爱看书，现在却要靠服用兴奋剂药物来满足学校的期望。尽管如此，这位日本精神科医生还是说服我让太郎在上小学和初中的时候坚持服用这种药物，因为在这段时期，学校对学业和课外活动的要求非常严格，几乎不可能尝试用其他方法来帮他履行身为学生的职责。她认为如果在这几年太郎的学习成绩远远落后于他人，可能会对他的自尊心造成永久性的损害。

这样的结果不难预见。日本孩子总是被人根据取得的成就进行评价和分级，所以有很大的概率会被人指出失败之处。在这所私立学校，孩子们从四年级开始会收到成绩单，从 A+——代表优秀，到 C——代表需要继续努力。太郎的成绩单上通常有 A、B 和少量的 C。在大家眼里，这是一份低分成绩单。因为每个人的目标都是 A，C 则代表了一种警告，说明有些地方出了问题。四年级共有九门科目：日语、社会科学、数学、科学、综合研究、音乐、艺术、体育和英语。每一个科目按以下三个方面评分：理解 / 知识，技能 / 表达，努力程度。而且成绩单上的空格只供班主任最多写四行评论，所以重点显然是分数。

而且，学校并不是唯一一个进行评估的地方。“弥太郎在比赛中没有拿到奖章别针！”我去滑雪场接太郎的时候，他的一个同学跑过来告诉我。见面的地方在火车站，里面挤满了 8 岁的孩子，他们在谈论谁拿到了哪个奖章。在日本，几乎每个领域都有证书，从英语能力等标准学科，到阅读火车时刻表等高度细分的技能。其中最受太郎同学欢迎、且志在必得的等级测试是汉字能力证书的测试。2006 年，全国约有 438,000 名小学生参加了汉字能力检定考试，在汉字的读、写、笔画顺序等方面展开了比试。“你戴的帽子是什么颜色的啊？”这句话是太郎的游泳课上的一个常规开场白，在课上，不同颜色的帽子区分了不同级别的技能水平。

2007年4月2日

游到一半，我站起来了一下。因为我的护目镜里有水，什么都看不见。我只好站起来把水倒掉，重新戴上护目镜，游完了这一圈。当时我正在参加游泳证书考试。因为是第二次了，所以我感觉教练不会让我通过。就这样，我失去了最后一次机会。但现在我想也许教练没有看到发生了什么。测试要求是自由泳，先游到泳池那一头，做一个转身，然后再游回来。第一次我失败了，因为我换胳膊的频率太快。我想要知道第二次的结果。当我从游泳池出来的时候，我累极了，就像教练刚刚真的把我训练得累趴下一样。

"好了，所有人都通过。"

"真的吗？"我心想。看来教练没看到我整理眼镜。好开心呀。

教育家和家长们一致称，评分机制会激励孩子们努力达到更高水平，但反过来思考，每一次失败的尝试都在提示一个人所具备的缺陷。在学习珠算、游泳和滑雪的过程中，太郎忍受着无尽的失望，当其他孩子都兴高采烈地接受证书时，他等来的只有失败。我读过的很多报告都对孩子们取得的成就轻描淡写，同时过分强调不足之处，比如太郎在仰泳测试时虽然按时游完了规定的距离，但是因为膝盖有些弯曲，还是没能通过测试。我很擅长在这种场合保持沉默，克制批评欲。我看到许多孩子已经很气馁了，他们的妈妈还在雪上加霜。

“你爸爸一定会对你极其失望。”我听到一位母亲说，她严厉地盯着自己的儿子，因为他错过了这次升级泳帽的比赛。

认证当天，泳池大楼大厅里的兴奋程度与小学入学考试成绩公布时很像。屋子里挤满了高兴得发狂的母亲，一面排队买着新帽子，一面没完没了地聊着天，旁边则站着愤怒的、脸色铁青的女人们，偶尔夹着一个泪流满面的孩子。

2007年10月14日

我从美国带回来的彩带有许多颜色，有红色、紫色、淡绿色、黄色、银色和奶油色，都是我在夏天参加的夏令营赢的。红色的是游泳第二名。黄色的是疯狂跳水第三名。在那个比赛里，你要试着用最奇怪的方式跳水。于是我故意让身体与水平行跳了下去。肚子碰到水面的时候痛死了。我还获得了证书。证书上说我在棒球、篮球、橄榄球和足球上都有进步。我想，我的咨询师们的心意都在彩带里了。

除了对孩子进行等级排名，这些证书还能为家长们提供了不动声色自夸的机会。与其说“我儿子会蝶泳”，不如说“我儿子是蓝帽子了呢”，听起来更谦虚一些。而且证书还能帮助人们在等级森严、注重地位的社会文化中迅速评估他人。等级排名在成人世界中也很普遍，在武术、茶道、插花等传统领域中存在已久。能力认证是一门大生意，会有专门的公司来收取考试、文凭、预科课程和教科书的费用。在把太郎从滑雪营地接回来之前，我参加了一个滑雪训练营，班里都是痴迷于奖章的学生。当时我们身处全国最大的度假胜地，但所有课时都用来在一个斜坡上练习某种类型的小回转，因为我的同学们需要把这个动作练到完全准确，才能赢得一个高级别的奖章。虽然大家都不从事滑雪行业，但和许多参加成人考试的人一样，他们想要完善自己的爱好。甚至连教练都在问这个小回转到底有什么实际用途。还有一位母亲在学校的午餐会上宣布自己完成了课程，获得了美甲师证书，赢得了大家的尊重。其实她并没有做美甲师的打算，只说自己掌握了美甲技巧，就可以节省去美容院的费用。毫无疑问，在场其他妈妈们的夸赞让她很是高兴。

太郎上小学的时候很少有人赞扬他，他似乎也有激怒老师的嗜好，因此常遭到斥责。特别是在课外活动中，课堂结构往往比在教室里松散些，使得太郎更加不专注。一开始让太郎陷入麻烦的行为似乎与其他孩子没什么不同，比如无法迅速地从一个活动切换到下一个活动。真正让太郎与众不同、令老师们都大为恼火的是他对于批评的反应，或者说他根本没有反应：太郎不会表现出任何明显的悔恨或沮丧情绪。一次我看到，一位年轻的网球教练在热情高涨地给太郎上课，讲课的声音也越发洪亮。但太郎却在低头向下看，被自己的脚吸引住了，他先是双脚平稳地站着，然后把整个身体的重心有节奏地挪到脚底的两侧，接着又平稳地站好。幸好教练没有注意到。下了课，结束了令人窒息的一对一授课，他看起来欣喜若狂。太郎对其他人的训斥没有任何想法，反而享受着被责骂后的快感。

太郎这副明显缺乏屈服精神的样子让老师们怒不可遏，尤其是那些习惯了被人尊敬的年长男性，比如给了他一巴掌的补习班老师。此外，太郎还与一位滑雪教练发生了类似的灾难性冲突，这位教练也被校方形容为“经验丰富的老教练”。又一次，太郎没有从一开始就告诉我周末在滑雪营地发生的麻烦事。直到另一位母亲打电话给我道歉，说她儿子在两个人应该打扫房间的时候怂恿太郎玩游戏，我才有所警觉。老教练责骂了所有的男孩，但太郎没有任何后悔的迹象。于是教练动手推了他。当我和太郎当面谈论这件事时，他告诉我老师还踢了他的脸。我没有在太郎脸上看到擦伤或瘀斑，所以教练打他时可能并没有用很大力气。因为太郎很喜欢这个训练项目，很想再去一次，我便犹豫是否要向滑雪学校抱怨这件事。我能够理解教练的愤怒，但我知道，我必须挺身站出来反对体罚。被人一脚踢到脸上是莫大的屈辱。于是我打了电话给滑雪学校的校长。我先是要求学校把太郎因为打包时粗心大意而留在营地里的衣服都寄还给我。

“然后，还有一件事，”我继续说，“我知道太郎带来了很多麻烦，但我很诧异老师居然对他动用武力。太郎告诉我他的脸被老师踢了一脚。”校长很惊讶。

“这是真的吗？”他问。但接下来让我震惊的是，他很快回答了我：“哎，太郎这孩子真是太恶劣了。”

太郎似乎对这些训斥无动于衷，也从未主动告诉过我他受到的惩罚，但当我催促着询问时，他会告诉我更多痛苦的细节。在我眼里，太郎一直是一个快乐、开朗、爱好玩乐的孩子，现在他仍然是，然而到了四年级我开始怀疑，他是否一直在默默忍受着失望和痛苦。也许他只是把自己不喜欢的现实，或者让他与同学们显得格格不入的现实都主动忽视了：被收养的孩子，父亲的缺失，母亲的唠叨，难以集中的注意力，多动症的标签，有副作用的药物，失败的考试，还有愤怒的老师。

2008年2月24日

一股强风突然从侧面向我吹来，而这正是自行车的弱点。回家的时候倒是出奇的容易。因为那时候是顺风。顺风就是顺着你要去的方向吹。在路上的时候，刮起了逆风。逆风是朝相反的方向吹。顺风就像是在一个波浪上骑车,很有趣。当逆风来临时，我必须站起来才能骑得动车子。这肯定是生活中最简单的事情之一。以后，生活中还会出现更难的事情。

太郎在课上画的自画像

更加黑暗

2010 年 1 月 20 日

“Z。”

在太郎的汉字作业本的页边空白处，是一个用红墨水写下的字母，看起来很令人担忧。这是太郎五年级的日语老师——佐佐木老师对他书法水平的评价。佐佐木老师已逾花甲之年，为人极富自信，因对待学生的高标准和严要求被视为传奇人物。每隔几周，他就会给学生分发手写的汉字表格。孩子们要把每一行汉字剪下来贴在笔记本上，每页一张，然后模仿老师的笔迹，一遍又一遍地抄写书中的汉字。

太郎的汉字成绩从 A 降到 B，再降到 C，最后跌到了 Z；这个分数仿佛正在书页之上尖叫：“不可能有比这更差的成绩了。”更侮辱人的是，太郎的作业本上的大部分汉字都被老师用红色的对角线划掉了。要知道，被老师如此谴责的汉字可不是太郎草草写出来的，而是他煞费苦心写好的。虽然和同龄人相比，太郎写的汉字在字形上不够匀称，细节上也不够精确，但本子上深深的铅笔印和略微夸张的字体角度都表明，他已经很努力地在试着模仿老师的笔迹了。但佐佐木老师不在乎努力，他只看重高分，最好比班上的其他同学都高。在给考卷打分时，他会在分数旁写下班级平均成绩和排名。太郎总是会折起考卷的右下角，好把那些数字藏起来。像是“悲哀啊！”或是“别费力气了。”这样尖刻的评语常出现在太郎的答题纸上。极少数时候，佐佐木老师会说一些鼓励的话，比如“越来越好了”，但在太郎跟着他上日语课的两年里，这样夸奖的话只出现过几次。六年级快结束时，佐佐木老师不断告诉那些成绩较差的学生，他们是上不了附属初中的。校长后来告诉我这绝不可能，除非学生出现严重的行为问题，否则所有学生都有权升入附属初中。尽管如此，在张贴在教室后面的期末考试成绩单上，佐佐木老师在低分旁边写下了“列入候补名单”几个字，并在倒数后五名的分数旁画了一盏红色的交通信号灯。名单上并没有学生们的真实姓名，但每个分数都对应了一个数字，孩子们兴奋地猜测着这些数字究竟代表了哪些同学 。

然而，面对这样暴政式的教学氛围，大多数孩子们都很喜欢佐佐木老师的课。在平时的日语课上，他会通过分析故事来引导学生，要求他们识别不同的场景，解释文中的比喻，描述人物的动机。整堂课的步调很快，几乎算是节奏分明。

“同意小智同学观点的，站起来。”他会这样说，引用其中一个男生的回答询问全班，接着迅速说道：“所有站着的学生，都一起站到走廊去。”作为惩罚，同意小智错误回答的学生都要站到走廊去。但像一场游戏一样，孩子们很快就被叫回来，这样就轮到下一批失败者“大出风头”了。孩子们都成对坐着，如果只有一个人举手，佐佐木老师可能会这样称呼她：“抛弃了悠志的绘里子同学。”孩子们很喜欢这种悬念感：谁将成为下一个“受害者”，又会遭到怎样无情的斥责。

妈妈们也都很喜欢佐佐木老师。他激发了许多孩子的竞争精神，促使他们努力学习。他还会使用一些先进的教学材料，例如初中入学考试的样题。

“有了佐佐木老师，就不用再上补习班了。”我时常听到大家这样说。但我对阅读测试的好处持怀疑态度。测试题往往要求孩子们对文学作品作出非常具体的解释。比如太郎在六年级时的一次测试，内容是一位日本著名作家写的一篇文章，细致入微地描述了一个女儿在机场送别年迈的母亲。主人公在登机口处哭了，问题是：“关于这篇文章里‘不知为何，我的眼睛里涌出了眼泪’，请从下列选项中，选出一个不属于主人公流泪原因的选项。”

四个选项似乎都合理，但要记住这个问题是在寻找例外。每次遇到太郎从学校带回来的这类复杂问题，我和母亲都会花好几个小时苦苦思索到底哪一个才是正确答案。难道不应该鼓励孩子们提出自己的理解吗？难道不应该把重点放在培养对阅读的热爱上，而不是训练孩子们得出固定的结论吗？这种用乏味的问题来烦扰学生的做法可能正是日本孩子不愿读书的原因之一。根据经济合作与发展组织实施的国际学生评估计划，日本只有大约一半的15岁青少年表示喜欢阅读。* 阅读是太郎真正喜欢做的事，我不想因为“错误的”解读而惩罚他，为他那充满热情的阅读习惯浇上一盆冷水。

2010年11月30日

我今天读完了一本“纳尼亚系列”的书。就像电影一样（绝对像），书里的对话非常有趣。在营地（营地在美国），一些孩子高喊着：“纳尼亚！”然后把其他孩子推进储物柜。他们说会立马放人出去（实际上大约要等1分20秒）。储物柜的号码总是一样的，而这样做的孩子们给自己惹上了麻烦。

* * *

一天下午，太郎带回家一张明信片大小的纸，纸中间竖着写了四个庄严的汉字。这是一次练习，目的是学习四字成语。日语中有数千个这样的词组，当把这些字组合在一起时，就创造出了成语特有的含义。熟悉成语这种表达方式是受过良好教育的表现，而且它们还经常出现在入学考试中。太郎在寒假里要记住64个成语。

---

* https: //www.oecd.org/pisa/pisaproducts/pisainfocus/48624701.pdf.

佐佐木老师给每个学生分配了任务，要他们写下一个成语，这个成语在他们看来最能描述某位同学所具备的特质。这张纸条上的成语就是送给太郎的："面目跃如"。前两个字的意思是"荣誉"，后两个字的意思是"朝气蓬勃"，合在一起表示一个人热情地追求目标，并赢得他人的钦佩。"你在课间休息时总是充满活力"，太郎的同学还写了信解释选择这个词的原因。老师要求家长们在这张纸的背面写下一个成语来形容自己的孩子。为了拓宽我少得可怜的词汇量——如此贫乏，能看出我的智商并不高——我去了一家书店，在那里找到了一个书架，上面摆满了像《谈话演讲用得到的四字成语和谚语》这样的书。最后我选择了《1000 条四字成语词典——助你增强大脑》。

在我为太郎的选择的成语中，无论那些贬义词多么贴切，都被我排除在外了，像是"马耳东风"——东风是春风，对人来说是和煦的，对马来说则毫无意义：太郎对我的至理名言充耳不闻，这样的描述再恰当不过。我也尽量避免了那些夸赞性词语，以免佐佐木老师认为我是一个溺爱孩子的家长。因此我没有选择"大器晚成"这个词，指的是那些成熟之后才取得成功的人，虽然我很希望太郎能够晚些成才。太郎求我不要把自己对佐佐木老师的不满放进去，我感受到的都是他吹毛求疵的要求。所以我也否决了"蜗牛角上"这个词——描绘了蜗牛的两根触须互相争斗的画面，用来形容微不足道的争吵。

"狗屁，狗屁，狗屁。"

在日常的家庭作业大战后，我终于可以坐下来写下我选择的成语，太郎大喊着脏话，用他从美国表兄弟那里学来的新词做实验。“好了，我现在有一个完美的四字词给你。”我大声喊了回去。我的大脑飞速运转，知道自己在做的事很不好——我在卡片上潦草写下了 F 开头的脏话。平静了几分钟后，我抹去了愤怒的痕迹，写下了真正的选择：“熟读玩味”，字面意思是“精读，体会其中的意味”，指的是深入阅读。

我在诠释中写道：“阅读能带你领略其他世界的好风景。”我引用了他最喜欢的几本书，写道：“希望你躺在床上时，可以和来自美国南方的男孩、在缅甸作战的日本士兵和在法国的街头表演家一起继续冒险旅程。”然后我忍不住在信纸的角落里画了一幅小像——那是一只蜗牛，两只触须上各戴着一只拳击手套。

2009 年 5 月 27 日

坐在我前面的那个女人拿出一个橙色的东西，放在一个白色物体上，然后又放了回去。那是一支香烟。我们刚才来的时候，以为她旁边的座位是禁烟的。如果那个人抽烟，我们坐的地方就太惨了。要是我妈妈从口袋里掏出打火机点一支香烟，我那天晚上就不回家了。我会拿着火车通行卡直接去外婆家。我会给学校打电话说：“她不是我真正的妈妈。”然后就不去学校了。因为我真正的妈妈才不喝酒，不抽烟，也不玩弹珠。*

但是如果没有酒，她就会喝些黑醋栗苏打水之类的东西。事实上，她甚至是喜欢香烟的。我也是最近才知道。哦，不要啊！

起初，太郎喜欢在佐佐木老师的课堂上开玩笑。他会努力跟上进度，然后冒着被当众斥责的风险举起手来。他的胳膊常常只伸出一半，好像在说:“我也许知道答案，但请不要叫我哦。”为了保持这种学习势头，以及希望老师给我一些关于督促孩子写作业的建议，太郎上五年级的几个月后，我安排了一次与佐佐木老师的会面，讨论太郎的问题。佐佐木老师要求太郎一起加入我们。我和佐佐木老师面对面坐在带钢架的木制学生椅上。太郎迟到了一分钟后，佐佐木老师大声嚷嚷着让他快点过去。只见他猛地一把抓住太郎的衣领，吼道：“你对你妈妈很粗鲁，这件事是不是真的？”他粗暴的举动和高音量吓到了我，但我并不害怕，因为我知道佐佐木老师是在装腔作势。然而，太郎显然吓坏了。

“是，不，我是说，我不知道。”太郎说，像一只可怜的小鸟立在巨人的手掌中，站在那里瑟瑟发抖。

“行了,你可以回家了。”佐佐木老师说,于是太郎夺门而出。

佐佐木老师侧身动了动，左胳膊靠在椅背上，开始说教，

* 这里指的是用于赌博的弹珠机。

称太郎本质上是一个好孩子，以后会慢慢进步的。他还抨击了太郎之前的老师，哀叹太郎的书法没有得到良好的指导，浪费了宝贵的学习时光。他还自夸道，有天早上，他发现一个男孩在浴室里戏弄另一个男孩，于是把罪魁祸首砰的一声摔在黑板上，吓得他屈服了。我惴惴不安地注意到他对学生体罚的细节，但认为这与我对太郎的担忧无关。佐佐木老师自负地谈论了一些别的东西，我坐得僵直，点点头，做了笔记。他说会介绍一名能够应付各种类型孩子的家教给我。

"不过他收费很高，"佐佐木老师说，"你自己决定吧。"

* * *

这位费用昂贵的老师将是太郎今年的第三个家庭教师。太郎五年级的时候，我每周请一次家教，来减轻我身为作业监督人的责任。我想逃离常年的写作业大战，也需要留一些额外的时间给自己，因为我有了一份新工作。除了翻译和撰写专栏文章外，我开始在日本外交培训学院当老师，每周教两天的英语。我给太郎请的第一位家庭教师是一位刚从大学毕业的年轻人——萩谷义政，是一位记者朋友介绍给我的，之前辅导过她儿子。我让太郎和家庭教师在他卧室的书桌前写作业。我们的公寓是两居室，所以在家里的任何一个角落都能听到太郎的声音。萩谷义政试图让太郎集中注意力，最初几次都很有用。但几周后，我听到他在恳求太郎，太郎则一直趴在桌子旁的床上，问一些不相干的问题。我告诉萩谷义政，他可以对太郎采取强硬态度，希望来自男性的威胁能够让他乖乖听话。很快，我听到义政用粗鲁的语言喊道：“我说，你给我坐下！”

义政这个成年人的大嗓门吓到了我，但令我吃惊的是，太郎竟然吼了回去：“没门！”我实在找不到合适的理由为一场争吵比赛付家教费，只好解雇了义政。

后来，太郎的精神科医生给我介绍了一位年轻女士——久田昭子，一名大学心理学专业的学生，还告诉我她能力很强，因为她以前曾帮助过自闭症儿童。她的策略是：绝不生气，要给太郎以积极的鼓励和支持。昭子让我在书架上挂一张床单，再遮住其他任何能让他分心的东西，这样，整个房间看起来就像一栋为了夏天而封闭起来的避暑别墅。她准备了一张表格，上面列出了针对各种成就而准备的一系列奖励。理论上来看一切都毫无破绽。但是太郎并没有上钩。我听到屋子里长时间保持着寂静——他可能正在床上看书——偶尔会听见她说：“我就在这儿等你，直到你准备好为止。”关于这些策略和手段，我想我们俩都深知其徒劳，于是我要求昭子不要再来了。

我第三次尝试请来的家教是佐佐木老师推荐的。田中老师是一位退休的小学校长，他的费用高于每小时 100 美元，是现行市价的两倍。在他开始辅导的几个星期后，他告诉我他以前是太郎就读的私立小学的校长。我不知道他和佐佐木老师为什么不早点告诉我。我想他们以为我会认识这所学校所有的前任校长吧。但又一次，我没能通过日本人测试，没有觉察出那些心照不宣的事。田中老师似乎已过古稀之年，习惯了被人尊重。

“我对你一无所知。”我第一次给他打电话时，他批评我没有提供更详细的自我介绍。也许是因为他和佐佐木老师有联系，太郎顺从地坐下来听田中老师讲课。在第一节课上，田中老师看着太郎的眼睛，和他握了握手。

“你会加油学习的，对吧？”他问。田中老师带来了许多他自己的教学材料，上面有漂亮的手写书法，还教了太郎一些有趣的知识和可能有用的内容：比如怎样有节奏地把圆周率背诵到小数点后几十位。但我请他来的首要任务是让太郎完成家庭作业。今天的数学作业和佐佐木老师布置的令人费解的阅读理解似乎把田中老师难住了，他无视了这些题目，认为对于五年级的太郎来说难度过高。一天，正当我母亲打算在我外出期间来公寓时，我和田中老师进行了一次奇怪的对话。我告诉他我在等我母亲过来后，他便一直问我她多大了。我含糊不清地回答他：“年纪很大”“非常老了”，看他似乎对此并不满意，我才说自己的母亲已经 70 多岁了。那天晚上，他带了一盒生八桥饼——一种来自京都的软糯米粉甜点。他想送母亲礼物，又担心她的牙齿质量。而我母亲碰巧心态年轻，人又活跃，还长着一口完整的牙齿。尽管田中老师一言一行都很礼貌绅士，但因为太郎并没有完成作业，几个月后，我借口称要太郎好好休息一段时间，他学习太辛苦，摆脱了接下来的家教课。

最后，我通过一个朋友认识了山田瑠理，这位朋友之前雇佣过她，夸她既富有技巧又有同情心。我和瑠理第一次见面是在一家咖啡店，当时就被我俩的相似点震惊到了：又高又瘦，妆容和穿着都很简单，都穿着黑色的短袖和长裤。在一间小隔间里坐下后，我开始讲述我的烦恼史：太郎不愿做作业，而且之前的家庭教师他都不放在眼里。我说话时，瑠理默默地听着，面无表情，我开始想她可能会说自己无法应付这样的孩子。

但她竟然说："这太不可思议了。听起来简直和我儿子一模一样。"她的儿子从不做家庭作业，经常忘记把学校的通知带回家，而当他在高中突然有所好转时，瑠理已经鼓足勇气做好了准备，要照顾他到成年。我问她在那之前是如何对儿子保持耐心的，难道没有像我一样情绪失控吗？

"也许这听起来很老套，"她说，"但我一直把他视为上天赐予我的礼物，接受他本来的样子。"

2009年4月9日

在放学回家的路上，我看到了一朵樱花。当我把它放在嘴边吹气的时候，它发出了很好听的声音。听起来像水鸟的叫声。在我到家之前，我已经可以用嘴吹出 peeeee 的声音。

我想："好兴奋哦。"虽然这是我第一次尝试。我高兴得就像学会了吹新的口哨一样。

当我吹出 peee 音的时候，pee，pee，pee，pee 的声音就会来回地响，尽管这一路上声音变得越来越柔和。
现在，樱花就像杜鹃花一样，是一个很有趣的玩伴了（我可以从杜鹃花上吸花蜜）。

瑠理也接受了太郎。她不会坚持要他坐在书桌前，如果太郎想躺在床上，她就在他躺着时大声读出问题。看到太郎仰面躺在床上，双手放在脑后，两条腿交叉在一起，其中一条向上跷着，一副不尊重人的样子，我惊呆了。瑠理站在一旁，拿着一本打开的练习本，问了一些问题。她并没有强迫他在卡片上做笔记，而是大声朗读考试材料给他听，并让他口头作答。虽然这不是最有效的学习方法，但瑠理断定这比耗费几个小时和他争吵更有效。她似乎很喜欢太郎，相信他有与生俱来的聪明才智。瑠理是一位有着多年经验的专业老师，对太郎目前的学习内容非常了解，而且从来没有情绪失控甚至濒临失控过。就这样，瑠理辅导太郎度过了小学的最后时光，每周来一次。太郎每周还有一晚要去上补习班，剩下的五天里都在和我较劲。所以，每周有两晚，我们两个相对冷静，其余五天都会争执不休。

2010年10月15日

今天是校园展览会的前一晚，但我和妈妈一直吵到晚上十点。最后我以为我可以去睡觉了，结果她却说我必须把日记写完。现在我睡不着了。

* * *

在佐佐木老师的课堂上，孩子们不仅要在作业和考试中表现出色，而且还要在正确的时间把作业交到正确的地方。在早晨上课之前，汉字作业本必须在早上放在一个指定的盒子内，然后在固定的时间内拿走。任何留下来的东西都会被扔进垃圾桶。有一次，佐佐木老师拿起一个迟交了好几次作业的男孩的笔记本，当着全班同学的面把它撕了个粉碎，不仅毁掉了这孩子几个月来勤勤恳恳的书法练习，还把撕碎的纸片扔进了垃圾桶。男孩的母亲立即新做了一个笔记本，复印了以前所有的日本汉字样例，剪切粘贴成册，并让儿子重做了所有练习。几个月后，太郎的笔记本丢了。由于佐佐木老师给学生用的笔记本不在普通商店里出售，我只好向他的班主任老师要一本，但班主任告诉我，他已经把剩余的本子都给了那些弄丢笔记本的孩子的母亲们。最后我好不容易在一家专门的书店找到了，并在朋友优子的帮助下重制了一本笔记本。我和优子相识于大学，她有两个孩子，年龄比太郎大一些，是一位值得信赖的圈外母亲。我请优子在一家意大利餐厅吃了午饭，然后花了一下午时间处理佐佐木老师的汉字样例复印件，用剪刀和胶水制作了一本新笔记本。过去几年，我一直在小心翼翼地和学校通信，优子打趣说我的书法水平已经从 B- 提高到了 A-。我的内心很是平静，渐渐心生期待，觉得这耗时耗力的补救工程一定会有所回报。太郎成功地重写了大约四分之一的汉字。但当他试着交作业时，佐佐木老师告诉他，除非全部写完，否则他看也不会看。我们的努力就这样付诸东流。

2010 年 6 月 10 日

刚刚听到妈妈在喊些什么，我跑去一看。卷心菜里有一只鼻涕虫。小事而已。鼻涕虫大约三厘米长，正准备偷偷溜掉。妈妈拿起一张纸巾，捏住虫子，使劲儿挤了挤。

“嘎吱”一声。

声音很小。在只有我和妈妈知道的情况下，一条小生命就这样消失了。

佐佐木老师经常组织孩子们互相评价彼此的作业。我想，他是想让孩子们更多地参与到管教的过程中去，或者是试着让孩子们更好地意识到自己的行为所产生的后果。但我觉得五年级的孩子还太小，这种方法不太有效，而且要说有什么作用，那只会鼓励他们反目成仇。一天，他告诉全班同学，只有在之前的作业中取得了相应成绩的学生才有资格参加考试。这给孩子们施加了压力，他们要迅速把这个阻碍清除掉，以免因为不能参加考试而得零分。太郎和另一个男孩承认他们平时的作业成绩不合格，所以没能参加考试。第二天，那个男孩交了一份完美的作业，而太郎又没能拿到好分数。与此同时，佐佐木老师发现还有一个小男孩平时的成绩并不够格，但他说了谎，参加了考试。佐佐木老师让那个男孩问太郎，是否可以撒谎，如果撒了谎，太郎是否会原谅他。面临着背叛朋友或激怒老师的两难选择，太郎先是小声对男孩说："对不起，"然后抬高声音，"我不会原谅你的。"

这样一来，太郎那次会遭到另外一名同学的否定也就不足为奇了。太郎上五年级时的一月下旬，他放学回家进了门，喊出一贯的问候语"我回家了"，声音较平时更温柔。他把沉重的书包往床上一扔，坐在旁边，打开包，丢出两封信，一封是写给他的，另一封给我。接着他又把手伸进书包，拿出白色的运动衫。和平时一样，运动衫被学校操场上的沙子和灰尘弄得脏兮兮的，但是衣服正中间有一些向下流的血迹。

"是鼻血啦，"太郎说，"老师打的。"

就在几天前的午餐会上，母亲们在闲聊佐佐木老师过去是如何打孩子的，一直打到他们流鼻血为止。当我怀疑太郎已经成为体罚的受害者时，一丝恐惧掠过我的心头。我凭借太郎和几位妈妈的叙述拼凑出了事情的经过，太郎的话漏洞百出，后来我又询问了几位母亲，她们都从自己的孩子那里听说了这件事。

佐佐木老师对全班同学说：“如果你旁边同学的笔记本写得乱七八糟的，请举手。”起初并没有人动，但在他威胁说要亲自检查，任何没有及时上报的人都会受到惩罚之后，几个孩子纷纷举起了手，其中包括坐在太郎旁边的女孩。佐佐木老师表示太郎的笔记本确实很乱，还在课堂上让其他孩子们传阅。

“你小心点拿！那可是我的宝贝。”太郎开玩笑似地大声喊道。

佐佐木老师命令他站到走廊里去。太郎回到教室后，佐佐木老师冲他大喊：“别闹脾气了。”课后，他叫太郎跟他去了一间空教室。他把太郎往墙上一推，叫嚷着：“你的字写得是什么鬼画符？”他开始来回拍打太郎的脸颊，直到血从鼻子里流出来才住手。接着佐佐木老师从裤兜里掏出手帕递给太郎。

“下堂课开始前把你的脸洗洗。”他说。佐佐木老师在写给我的信里直奔主题。信的开头这样写：

> 太郎今天表现过于懒散，所以我对他有些严厉，我相信今天大家都会明白。他需要在做决断和对自己负责这两方面学着更加主动些，否则一切就太晚了。

信上没有提到体罚，而且给太郎的信是用粗体字写的。

> 要学会对自己负责。年轻人，打造属于自己的优势，

一点一点来吧。

佐佐木老师试图以他提倡的军国主义方式鼓励我们，但太郎似乎大为震惊，一脸茫然。我感到一阵恐慌，不知道该如何回应。

太郎侧身躺着，沉迷于书本之中，我坐在他的床脚边，深深地叹了一口气。现在怎么办呢？我脑子里想了一堆对策，但毫无次序可言。我得写封回信，里面不能有任何语法错误。我还得洗手帕。我的心因为那笨手笨脚的儿子一直紧紧揪着，虽然他现在表现得很坚忍，但当时一定在那间空教室里吓得直发抖。坐在他旁边那个爱说话的女孩怎么办？她母亲可能不知道她的女儿背叛了太郎，我们本来计划几周后和他们一家一起去滑雪。面对这种情况，我不会责怪她。那其他母亲呢？她们又会对这件事去怎样说三道四呢！

我镇定下来，思考各种选择的可能性。我要采取行动对抗老师吗？在日本，体罚学生实际上构成了犯罪，但学校似乎对此视而不见。我还听说另外一位老师曾经打过一个男孩，导致这孩子缝了好几针，可这位老师依然继续留校任教。由于太郎还在这所学校读书，我不想和学校发生冲突。我也相信佐佐木老师是出于他自己的善意，尽管他的表达方式是扭曲的。其他母亲可能无论如何都不会支持我，因为她们都喜欢佐佐木老师，都想和学校维持良好的关系。因此，我提出的任何抗议都不太可能得到大多数人的支持。一位母亲后来告诉我："我认为他俩都有做得不对的地方。”她觉得老师严厉，太郎也没有展现出足够的悔意。

我先处理了太郎的运动衫，用肥皂和刷子机械地擦洗了上面的血迹，然后把它扔进洗衣机里。后来我多希望自己当时拍下了带有血迹的照片作为证据，以防日后有需要，或者至少让自己不要忘记这件事。我又手洗和熨烫了佐佐木老师的手帕。当我按下熨斗的开关时，感到无地自容，因为自己没能代表太郎采取一个更具原则性的立场，而是选择了遵循礼仪。接着就是写回信了。我毫无信心能够做出理性的回复，只好打电话给母亲，询问她是否可以替我写一封。

“你要是不自己写，他下一个揍的人可能就是你了。”母亲说。

“谢谢您今天写给我和太郎的信，”我在开头写道，“十分感谢您对我儿子的真诚关怀和长期而深远的教导。”在下一段里我表示，对于他对太郎的批评，我全部认同。但我又补充说，我坚信太郎也需要仁慈的关爱。接着在下面较长的一段内容中，我站在太郎的角度，列举了上学给他带来的挑战。“太郎也许学习成绩差，但他比以前用功不少。对于一个患有 ADHD 的男孩来说，他需要付出额外的努力才能集中注意力。每天回到家，太郎都身心疲惫。一天下来，他能耐着性子上完课，同时还能和同学们打好交道，这就已经是件了不起的事了。太郎不会说太多，但他似乎对自己人生的各个层面都越来越感到沮丧：一个总是吼他、骂他的单身母亲，一个在他模糊的记忆中被理想化的父亲——这些年完全与他失去了联系，还有就是被收养的痛苦事实。面对这样的现状，”我继续写道，“已经有迹象表明，太郎的自卑情结正在越来越重。”我引用了太郎的一篇日记：他写到自己在学校举办的长跑比赛中“不抱任何希望”。他那副吊儿郎当的模样——比如他说的那句话：“那可是我的宝贝”——可能只是在试着缓和紧张的气氛。我接着写：“太郎是一个善良、纯真、快乐的孩子，很爱读书。我希望学校不要打压这些长处，让他在享受校园生活的同时，掌握起码最基本的技能，成为社会中有责任心的一员。”换句话说，拥有一份完美的汉字笔记本并不是我最优先考虑的事。

在信的结尾，我才提到太郎被打一事。“我想您今天体罚太郎肯定有您的理由，”我写道，“但我觉得，太郎不太可能因此变得更有自知之明。希望您不要再动手打他了。”最后的结束语是一句道歉，因为这封信是打印出来的，而非更为礼貌的手写信。（我不愿意每次发现错误就重写一遍，而且我的日文书法估计只会得到一个 Z 的分数吧。）

我觉得这封信写得相当不错：恭敬地给予佐佐木老师应有的夸赞，同时又表明了我的立场。文风冷静而不失礼貌。（几天后我才发现信里有一处拼写错误，着实吓坏我了。）我把信和熨得干净平整的手帕一起放进信封里，拿给太郎，让他转交给佐佐木老师，并给班主任原田老师发了一封电子邮件，请他务必确保太郎把信交到佐佐木老师手上。之前有过一次，我在太郎的书桌抽屉里面发现了一封我精心起草的、写给老师的道歉信，早已被揉成一团，当时距离事情发生已经过去好几个月了。

我一直没有收到佐佐木老师的回信。

事情发生后的第二天早上，太郎第一次对去学校毫无热情。

“我肚子疼。”他慢慢地舀着麦片粥，说道。

“那你今天想请假吗？”我问。

看到他瞬间眼前一亮，笑着回答：“真的吗？”我断定他压根没病，就送他出门了。其实我挺想让他休息一下的，但又担心，如果在他没生病的情况下允许他不上课，我们可能会在逃学这条路上一去不复返。

我盼着妈妈们打来电话，迫不及待地询问太郎的情况。除了热衷于八卦素材，她们会真正关心我们吗？但妈妈们陷入了诡异的沉默之中。

“她们不想和这件事有什么牵扯。”我的朋友优子告诉我。她认为这些妈妈们不想和任何对抗学校的行为有瓜葛。

“可是我看起来并没有像是要去起诉。”我抗议道。

事发当晚，只有一位母亲打了电话给我，问太郎是否安好。另一位母亲，余田静子，则做了一件不同寻常的事。她是典型的独行侠，从不和其他父母一起出去玩。静子站出来表明了自己的立场。她儿子和太郎同级，只是班主任不同，后来她告诉我，当她听说这件事后，立刻带着儿子去了学校。她儿子在向老师复述被打的事时哭了起来。这位老师同佐佐木老师一向交好，和他年龄相仿，露出一副忐忑不安的样子。但他在面谈结束时却说："我对此无能为力。我什么也不能对他说。"

显然，其他的学校职工都害怕佐佐木老师，认为他是一个性格倔强、直言不讳的人，谁若和他意见不合，都会遭到他毫不犹豫的严厉斥责。静子随身带着一份报纸的复印件，上面有关于我父亲的连续报道，记述了我父亲的一生：从"二战"期间的童年时光到在商业上的种种成就。"太郎可是出身于这样的家庭，"正当老师站起身准备离开时，她说道，"你应该看看。"

事发第二天，太郎的班主任原田老师给我发了一封电子邮件，说他已经知道发生了什么事，并且汇报给了"上级"。我以为他把这件事告诉了校长。虽然我已决定不向学校提出任何正式抗议，但让我感到惊讶和愤怒的是，佐佐木老师依然没有给我回信，学校也没有联系我、向我道歉或至少表示一下关切。于是两周后，我给原田老师发了封邮件："我只想弄清楚，"我写道，"您之前说的'上级'是指校长吗？"然而他告诉我，这件事只在四年级班主任的日常例会上提到过，佐佐木老师也在场，这简直出乎我的意料。

我去面见了校长。他看起来有些紧张，称自己刚听说这件事，还说学校当然不会容忍体罚学生这种事。我向他保证，我不打算起诉学校，但我想确保这种事不会再次发生。之前学校给所有学生发了一本讲述学校历史的漫画书，我指出，在这本书的第 20 页，神圣的创始人批判了体罚行为，表示在这所学校绝不会发生这种事情。

“谢谢您一直保持冷静。”校长多次对我说。

我没有再去联系佐佐木老师了。如果在校园里遇到他，就移开自己的视线。太郎却早已恢复了热情，每天早上蹦蹦跳跳地去上学，还开心地参与到佐佐木老师的课堂中去——或者说，至少我当时是这么以为的。两年后，当我读到太郎在美国一所暑期英语学校写的一篇文章时，我大吃一惊。老师要求学生们论述是否赞同用打屁股的方法来管教孩子。太郎用磕磕巴巴的英语写下了以下反对体罚的言论。

> 最后一个理由是，体罚会逼着学生讨厌你。我有过一次经历。因为我的字写得不整齐，老师把我叫到一个空教室里。他不停地对我大吼大叫。我什么都做不了，因为我已经尽力去练习书法了，而且我很害怕。老师把我推到一个角落里。他不停地打我，扇我巴掌。我记不清了。最后我倒在了地上，鼻子流着血。现在我讨厌那个老师。他跟我打招呼的时候我都不回应。

我怎么会没有注意到，太郎竟然被伤得这么深，积攒了这么多怨气呢？我深陷与学校的往来之中，所以一直迟钝地认为他还是像往常一样无忧无虑，早已把这些不愉快的真相抛在脑后。

2010年4月5日

我的（一年级）搭档会是什么样的人啊，该怎么和他相处呢？我真的不知道。作为学校里年纪最大的学生，他们对我的评价很重要。一年级的学生还有五年的小学时光，我们只剩下最后365天了。我第一次觉得学校是这么的有趣。我想我的搭档会让学校变成一个更好玩的地方。

最后几年

2010 年 5 月 20 日

太郎告诉我，他六年级毕业论文想以日本的人操鱼雷为主题，我感到很意外。在第二次世界大战末期，这些人为操纵的鱼雷会撞击敌舰，和对方同归于尽。对于一个在官方宣扬反战主义的国家长大的 11 岁男孩来说，选择这样一个主题着实令人吃惊。日本颁布了战后宪法，宣布放弃以国权发动的战争，国家保留的军事力量仅用于防御。当年，日本有成千上万狂热的年轻人，以天皇和国家的名义，报名参加了那些必死无疑的任务，太郎能够真正理解那个时期吗？

到了高年级，学校会敦促学生们意识到自己已经更成熟了，要积极发挥带头作用。学校要求每个高年级生监督一名一年级的学生，主管学校委员会，并撰写毕业论文。在家长教师联谊会上，学校还要求家长们让自己的孩子逐渐树立起高年级学生应有的责任感。

我对太郎的选择的论文主题感到高兴，同时也担心他能否圆满完成。民族主义对日本儿童来说是一个遥远的概念。日本国家的国旗和国歌至今仍因为是战时军国主义的象征而备受争议。政府鼓励学校升国旗、唱国歌，但我从未见过这所学校强制要求这样做。尽管日本的国歌恰好是世界上最短的，只有 11 小节，但直到今天，太郎仍然记不住歌词。

“你要不要试着写写足球或相扑的历史？”我建议。

太郎不为所动，于是我时刻留意着，尽心尽力地提供帮助。日本很小，我们可以去太郎想要研究的地方旅游。就这样，我开始全心筹划母子实地考察旅行。一想到我们要一起踏上冒险的旅程，我便觉得十分幸福，同时也希望他报告中的旅行记录能提高他的成绩。

人操鱼雷被命名为“回天”（Kaiten），字面意思是“扭转乾坤”“惊天动地，改变战争进程”的简称。这样戏剧性的措辞反映出日本不切实际、不顾一切的战争愿望，即逆转 20 世纪 40 年代初美国在太平洋地区稳步取得的一连串胜利。如今，许多日本人根本不清楚，当年有 100 名男子秘密参与了单程潜艇任务，而相较于知名度更高的“神风特攻队”飞行员（他们驾驶飞机直接撞向了美国军舰），这 100 名男子的功绩相形见绌。我买了许多晦涩难懂的书，按计划去了多家博物馆，第一次自己学习历史。“回天”是两名帝国海军军官的创意，在日本将作战重心从海上转移到空中后，他们看到仓库里的鱼雷，产生了灵感。改造后的鱼雷里有一个小型驾驶舱、一个发动机和一个陀螺仪，可直接驶向轰炸目标。1944 年，也就是日本战败的前一年，这种鱼雷开始装运送往战地。

为了获得第一手资料，我们参观了东京的“游就馆”。这里展出的“回天”鱼雷造型优美，长约15米，与士兵们只能勉强挤进去的直径一米的座舱入口相比，长度相当惊人。舱门上漆着一朵漂浮在水面上的白色菊花，是一位效忠天皇的武士的家徽。博物馆的宣传册上写道：“其舱头的1.5吨炸药可迅速击沉一艘船。”但册子上没有提到的是，日本曾发射了100多枚“回天”，最终只击沉了两艘敌方舰船。鱼雷的机动性有限，通常在夜间发射，从母舰进入到波涛汹涌的海水里。在部署之前，美国军舰就频繁探测到载有“回天”的潜艇。还有十多名操作员在训练时因鱼雷搁浅而死亡。

“太郎，到这边来。”当我们在展出的“神风特攻队”的飞机和潜艇之间来回观察时，我向他喊道：“这个我们在电视上见过。”

之前我们看过一部关于“回天”的纪录片，主要讲了一名士兵写给家人的告别信。1943年，塚本太郎在离家前录制了一段遗嘱。我们戴上耳机，按下播放按钮——就在一张黑胶唱片的相片旁边。透过模糊的静电噪音，唱片里传来一个21岁的大学生沉稳的声音，他回忆着为赏月聚会收集银草和打雪仗的往事。“真希望我能永远这样幸福地生活，”他说，“但我不能忘记，我首先是一个日本人……愿我的祖国永远繁荣昌盛。各位，永别了。”

太郎沉浸在书中，书里的内容多是信件、遗嘱和士兵们的日记。志愿者们——如果在巨大压力下报名执行死亡任务的男子可以被称为志愿者的话——多为十几岁和 20 岁出头的青少年。书中的文字描述了他们是如何平静地接受了自己的命运，以及对家人的感激和依恋之情。有些内容写得颇为诗意，比如一位 18 岁的少年写道："我是海。我一向冷静而忧郁。汹涌的旋涡是我的愤怒。"听到太郎用赞赏的口吻说"他们是为了日本天皇而战"，我母亲开始担心孙子会被洗脑。她说，这些军官年纪轻轻，不比太郎大多少，还说他们常常会写信给自己的母亲。"午饭便当做得真好吃，应该让您再多做一些的。"这是一个 21 岁的人留给这个世界的最后一句话。

* * *

我们的主要考察地是在日本西南海岸的山口县的大津岛。该岛曾是主要的"回天"基地，在这里，士兵们接受训练，然后启程出发执行任务。当太郎沉浸在课题研究中时，我策划了整个项目。我打电话给纪念博物馆，确定它会在我们计划参观的那天开放。在清晨去岛上的渡轮上，我观察了十几名乘客，注意到了一位 50 多岁的男人，看起来像是博物馆馆长。

他正坐在甲板上翻阅着一沓名片。我鼓足了勇气，向他走过去。"请问，您是'回天'博物馆的馆长吗？"我猜得没错。

他站了起来，在船上指着一些地标，像是一块飞行员曾经降落过的礁石和一个曾经用来训练的小岛。很好，这是不错的开始。我用胳膊肘轻轻碰了碰太郎，让他注意听，并在我做笔记和拍照的时候提问题。

这是一个秋高气爽、阳光明媚的早晨。初中生们正前往宁静的小岛上学，发出咯咯的笑声。讽刺的是，这样一个和平的小岛，却布满了战争时期的悲惨遗迹，比如那条隧道，士兵们乘坐有轨电车穿过它到达码头，从那里开始踏上了不归路，还有旧的水泥台阶，飞行员在那里跑上跑下进行训练。最后一次走过那条又长又黑的地下通道的感觉，太郎能想象得到吗？在博物馆前，刻有死者名字的石碑点缀着基地的旧阅兵场。太郎在这些小纪念碑前跳来跳去，大声喊着他认得的名字。

"快看，是塚本太郎。"想到了在博物馆里听到的录音，他嚷嚷道。

研究进行了六个月后，我问太郎对于"回天"的看法。

"我说不上来，"他说，一瞬间我担心研究怕是要失败了，他又接着解释道，"语言无法描述这其中的悲伤。"

至少在这个问题上，太郎的回答是我期待的，我松了口气。在与那些成绩优异的学生和他们的母亲相处了六年之后，我开始期望，太郎不仅能背熟考试的知识，还要有我认为的对历史事件的正确认知。有些事情我没办法直观地向他解释。于是在从"回天"基地回东京的路上，我们顺道参观了广岛。我们在和平纪念馆观看了一部纪录片，讲述了1945年广岛原子弹爆炸的直接后果，片中还出现了好多尸体解剖的画面。我好奇这些场景对太郎来说是否过于可怕，然而等放映结束，灯亮起来后，他问我的第一件事就是："我们什么时候可以去吃广岛烧呀？"他指的是广岛当地的美食。我还找到了一名原子弹爆炸事件的年迈幸存者，同时也是一名口述历史学家，常向年轻人讲述自己过去的经历。

我给这位老者打电话时，他说："我一般都是讲故事给一群学生听。"我告诉他，这对我儿子太郎非常重要，我们会亲自去他家，他才同意见面。我们坐在他的客厅里，听他泪流满面地讲述着自己的故事，他一直后悔到今天，当年父亲因玻璃碎片而伤残，身上还有炸弹导致的烧伤，躺在隔壁房间垂死之际，他因为年轻叛逆，没能到父亲身边陪他走完最后一程。当他向我们展示他在灾后那段可怕日子里的绘画作品时，我强忍住泪水，用眼角的余光瞟了一眼太郎，想看看他的反应。没想到他竟然在挖鼻子，还打了会儿瞌睡，真让人难为情。不过，似乎有什么事情确实引起了太郎的共鸣。

2010年10月3日

这是我在和平纪念博物馆看到的。一个5岁的孩子骑着三轮车时，原子弹投了下来。孩子的父亲想，如果他们把男孩葬在坟墓里，他肯定会感到孤单，于是他把孩子、三轮车和战士头盔一起埋在了院子里。40 年后，他又把儿子挖了出来，埋进了坟墓。他把三轮车和头盔送给了博物馆。现在你可以在博物馆里看到它们。三轮车和头盔都生锈了。

太郎一口气读完了关于日本历史的 16 卷精装漫画书，我小时候也读过，现在就摆在我们公寓的书架上。我想培养他对历史的兴趣，就带他去了他在上课时学过的地方。周末，我们去了古城奈良和京都，匆匆参观了各种寺庙和宫殿。当然了，休息的时候我还带着他去参加了当地的棒球比赛，以及在酒店的游泳池游泳。太郎在奈良公园投喂了饥肠辘辘的小鹿，还在一块据说是 1000 年前一位著名学者坐过的岩石上摆了造型拍照。轮到我了，我只好迁就他，从寺里一根柱子上的洞里爬了过去——这对一个成年人来说真是一件既不舒服又尴尬的事，但应该能带来好运吧。这些都是在远离了愤怒满满的公寓的拘束后，“外出调研”时最美好的回忆了。看到太郎逐渐认识到课本和现实生活之间的关联，我很感动。

2010 年 10 月 7 日

有一天，我和妈妈，还有著名的广岛捕手——立川君的哥哥一起看了一场与阪神虎的比赛。广岛东洋鲤鱼队以五比零的比分大获全胜。

现在，我的心从东京养乐多燕子队的代表色蓝色变成了广岛东洋鲤鱼队的代表色——红色。比赛时，妈妈还给我买了一顶鲤鱼帽。*

* * *

美好的实地考察结束后，还有许多学校布置的作业需要完成。因为在六年级的综合研究课，太郎必须在寒假期间为家人准备一顿丰盛的晚餐。预算是 30 美元，用于购买原料，然后做好饭，摆好桌子，最后收拾碗筷和整理桌子。他至少需要做一道汤、一道主菜和一道配菜。而且，整个过程必须以书面和照片的形式记录下来，家庭成员在用餐后还要写下自己的看法。我心知肚明，如果我强迫太郎把上述内容都做一遍，我们肯定会大吵一架，所以我把他送到了我母亲家，碰巧是在圣诞节的前一天。太郎根据他最喜欢的食物列出了如下菜单：

薄萝卜片味噌汤

萝卜炖鸡翅

土豆沙拉

炸鸡

米饭

---

* 以上三支球队都是隶属日本职棒中央联盟的职业棒球队。——编者注

“我找土豆的时候，找的都是没有发芽，而且个头比较大的土豆，这样容易削皮，”太郎在报告的购物部分里写道，“我还找了没有凹痕的黄瓜。”然后他把购买原料的小票贴在了报告上：1465 日元。

接下来是食谱：

味噌汤（“和我们平时的做法一样”）

炖煮（“外婆的秘密配方”）

土豆沙拉（“按照妈妈平时的做法”）

炸鸡（“参照附件的食谱”）

米饭（“用一个大碗煮”）

太郎在每一项下面都详细地描述了烹饪过程，包括没做好的地方（“小土豆煮过头了”）和遇到的困难（“用刀削土豆很难，因为太滑了”）。这位综合研究课的老师更喜欢纯手工做饭，所以太郎不得不放弃使用蔬菜削皮器。还好我母亲家里没有电饭煲。太郎就在煤气灶上方的砂锅里蒸米饭，希望这样老师能多给一点分。在报告里，我放了 19 张太郎小厨工作时的照片。从他出发去杂货店买东西，到做好饭，六个小时后，我和父母、太郎终于能坐下来享用圣诞夜大餐。

太郎在总结语中写道：

剥皮很困难，但我认为这是一次很好的经历，因为以后肯定会派上用场。自己在家做的油炸食品不会那么油腻，而且比在餐馆吃到的还要好吃。烹饪和解决问题的方法有很多。我把所有的剩饭剩菜都倒进了祖母的堆肥里，所以我们没有浪费食物，真是太棒了。

而我妈妈的总结语就略带慈祥。

购物时，我们都各自拎着自己的购物篮，不过太郎还是帮外婆提了呢。

我写的是：

谢谢您让我们有机会享受一顿难忘的圣诞晚餐。

经过全家的努力和详细的报告，我确信已经顺利完成了任务。但其实并没有。有一位家长的评论被老师评为最好的报告，并发表在了通讯上。我读过后明白了自己的水平，在清晰阐述项目的规模和夸赞烹饪技巧这两方面，我们远未达标。一位母亲写："孩子最后做出来的菜非常、非常漂亮，十分美味。我一辈子都会记得这一天。"还有一位母亲称女儿在祖母的指导下，用捣碎的红薯和栗子做了一道传统的新年节日大餐，盘子里摆放的栀子更是让人眼前一亮：

> 女儿做的这道菜教会我们，一定要把家庭食谱传下来，并且要用纯手工的方法制作新年大餐。味道实在是好极了，尤其是搭配摘自我们自家花园的栀子……每天，我都想告诉女儿，珍惜食物有多么重要，要把盘里的食物吃光再洗盘子，不留下一粒米，趁热吃热乎乎的食物，进食时要满怀感恩之心！

但其实，太郎用的**也**是自家的食谱，虽然我们没有从花园里采摘任何东西，他**也**通过堆肥避免了食物浪费。所以，这是我的失败，尤其是作为一个作家，我没能写出一篇同样有分量有才华的报告。

太郎做饭时系着的围裙，是他在完成另一个家政课作业时缝制的。我的裁缝技术仅限于基本的修补，所以帮不上他多少忙，但我陪他去了布料店挑选布料。在闲逛了30分钟，用手指拨弄了一匹匹布料后，太郎选择了一种亮红色的面料，印满了功夫熊猫，又选了一种黄色面料，印着小熊猫，用来做围裙的口袋。我告诉他要选纯色的布料来搭配，不要把两种相互冲突的设计混在一起。后来我们一边排队付钱一边争论。当我问收银员的意见时，她说：“我想您应该让您儿子来决定呢。”

2011年2月16日

今天是我们四个孩子做饭的日子。我们包饺子、做了香葱鸡蛋和碎土豆。

关于包饺子呢，要做的就是把饺子皮切成一条条的，然后用它们把洋葱肉馅裹起来。再蒸一会儿。我们的饺子非常好吃哦。五颗星。

碎土豆也是五颗星。葱炒鸡蛋是四颗星。都很美味。

另外，如果你用饺子皮裹上碎土豆放到热水里煮，尝起来就像馄饨。辣椒油很辣。我们吃了卷心菜的菜心。

从屋顶上落了好多雪。

最后一个饺子真是刺激到了我的舌头。

尽管学校布置的作业要求严苛，需要家长的参与，但我觉得家政课非常美妙，既能帮助孩子们掌握日常生活技能，又能增加孩子们对家务活的兴趣。但是，同学校里其他老师一样，家政课老师的要求十分严格。之前有一次，家长们来学校进行随堂观察，孩子们在课堂上烤面包时，太郎组的一个男孩加了太多的水。老师非但没有趁机教孩子们如何抢救水分过多的面糊，反而在剩下的课堂时间里不停地训斥和抱怨。

学校对待乐器使用的态度也同样严苛。每年，经过数月练习，每个年级都会派学生代表在町上的礼堂演奏歌曲，并邀请家长前来观看。被选中的孩子可以在竖笛合奏队旁边演奏各种乐器，如鼓、键盘和小提琴。为了获取吹奏竖笛以外的乐器的资格，学生必须先通过竖笛测试。低年级的孩子们吹奏的是相对简单的高音竖笛，但从五年级开始，学生们开始使用功能更多更复杂的中音竖笛。这种乐器有 28 种不同的指法，覆盖了两个八度音阶，包括若干升半音和降半音。我和太郎的钢琴老师一起在他乐谱上的音符旁，用很小的字写下代表相应手指的数字。但是他完全记不住指法。太郎也许能学会另一种乐器的演奏技巧吧，比如手鼓。但因为他从未学会过吹奏竖笛，所以在合奏队待了整整六年。面对学习动力明显不足的太郎，音乐老师备感困扰，更不用说他不愿让学生在音乐节上演奏走调的竖笛了。一天下午，他叫我们俩去开会。60 多岁的中田老师跟我们讲了一个多小时。他讲述了自己以前学习传统的日本十三弦古筝的心路历程和学习新事物的乐趣；还说比起太郎参加的慈善活动音乐会里那些他为之演奏的智力残疾的儿童，太郎何等幸运；还提到了自己在私人家庭生活中遇到的种种磨难，比如家中年纪很小就离世的兄弟姐妹。中田老师言语真挚，讲述的故事感人，至少对我这样的成年人来说是这样的。我猜他是想和太郎建立感情上的联系，但是没能奏效。太郎静静地坐在那里，眼睛低垂，看着面前的桌子，他正在收集桌面上的橡皮屑，慢慢地揉成一个球，然后轻轻地把它们弹到桌子的另一边。

* * *

2010 年春天，太郎上六年级后不久，学校首次宣布了一项为期十天的澳大利亚家庭住宿项目。名额是 20 个人，孩子们会住在布里斯班附近的家庭里，去当地的学校读书。如果申请人数超过限制名额，将会抽签决定。但确实没有必要，因为在六年级的 122 名学生中，只有 15 人报名。这次游学恰逢多个年级运动队的避暑营，一些家长说他们的孩子更喜欢参加避暑营。太郎也在网球避暑营和布里斯班之间左右为难，但我鼓励他抓住机会去看看另一个国家。对我们来说，新奇事物最具吸引力，但对其他家长来说，对未知的恐惧是退缩的理由之一。这项活动由学校赞助，包括校长在内的六名教师将陪同学生一同前去。然而好几位母亲告诉我，她们担心孩子的安全，就连给孩子报了名的家长也担忧不断。

在出发前的调查问卷中，一位母亲写道："我们家是个女儿，所以我最大的担忧是被强奸。"

其中一个女孩说，她害怕澳大利亚厕所里的水流方向可能会与日本的相反。另一位母亲告诉我，她担心女儿在旅途中可能不会每天换内衣，所以她考虑在行李里放许多一次性内衣。许多家长和孩子表示，在游学期间，如果吃不到日本菜，日子肯定很难熬。这一系列担忧表明，大家早已深深扎根于自己熟悉的那套有序又可预测的生活中，他们对日本以外的世界存在疯狂的恐惧。

太郎在澳大利亚过得很不错。第一个晚上，他在日记中描述了寄宿家庭的弟弟是如何放屁的。而且没有人挨骂，大家都被逗笑了。“换句话说，就是没有偏见。因此，你可以做任何事情，甚至不合规矩都可以。”他写道。陪同的一名教师在日记旁边用书面评论进行了严厉反驳：“没有偏见和不按规矩行事难道不是两回事吗？”太郎察觉到：“我可以在三分钟内和任何人成为朋友，真是太棒啦。”确实，我看到了他的照片，在到达的第二天，和当地的孩子们兴高采烈地在烧烤会上扔水球。回到东京后，他兴奋地告诉我，在寄宿家庭里，他品尝了母亲煮的意大利面，试穿了父亲的羽毛军帽，还和当地学校的孩子们玩新游戏，临走前，寄宿家庭的妹妹特别难过。但有几位母亲对这个游学项目表示失望。她们称，孩子们抱怨没有机会洗澡，吃到的都是些简单的饭菜。我可以想象，日本人每天擦洗、沐浴、晚上吃好几道菜的习惯在澳大利亚可能并不常见。好在太郎并没有养成这种习惯，这让我松了一口气。

2010年8月27日

今天我又一次感觉到，学校是一个多么神奇的地方。虽然我在这个家里只住了一个星期，临行前一个孩子却会因为舍不得我而号啕大哭。

一些回忆

· 她收到了一个形状像一本书的小猪存钱罐作为生日礼物，高兴极了。

· 家里的狗对我又挠又舔。

· 猫咪的毛真软。

· 塞缪尔放了个屁，大家哈哈大笑。

· 猫咪钻进了我的行李箱。

· 我在麦当劳买了一个巨无霸，一个双层芝士汉堡和中杯可乐。

· 我玩了蹦床。

· 我坐在吉普车里，看到了一条鳄鱼和一只袋鼠。

· 我每天早上都吃维吉麦酱。

· 晚上我们玩了任天堂和微软游戏机。

· 我摸猫咪的时候，它咬了我一口。

· 我玩了《超级玛丽》。

· 我们一起放烟花。

· 一个叫迪格比的朋友来家里过夜了。

· 我们没有打扑克牌。

· 我总是第一个吃完饭。

· 寄宿家庭的妈妈用肉和蔬菜做了一顿营养均衡的饭。

· 这里的一切都超好玩。

· 这里的人们都喜欢开玩笑，太有意思啦，而且没有人会说“现在不是玩游戏的时候！”这种话。

* * *

太郎上小学期间最重要的事是长距离游泳。每年夏天，六年级学生都会去东京以东的千叶县海滩，根据自己的体力上限，在太平洋中游一到两千米。游泳是这所学校的神圣传统，尽管有一年一名初中男生在游泳比赛中不幸遇难，这项强大的传统还是延续了下来。事发后，初中部取消了长距离游泳活动，但小学部没有。这个活动正是孩子们在早年如此认真对待游泳课的原因之一。每年活动结束后学校都会发出让众人羡慕的公告：“全员完成”，没有一个学生想让自己成为这件事的阻碍。

“要是我没完成，你会说什么呢？”去海边之前，太郎问我。

“我嘛，会说：‘你连这点距离都游不完？真是浪费学费！’”说罢，我和太郎哈哈大笑，然后我接着说：“你希望我怎么说呢？‘做得不错？只要咱们努力了就行？’”

太郎上了六年级以后，这样的鼓励画风早已成为我们之间的嘲笑段子。我们俩都心知肚明，太郎再怎么努力也无济于事，游完全程才最重要。不过，令所有父母、孩子和老师们感到宽慰的是，除了一名生病的和一名脚受伤的，122 名六年级学生，在那年夏天的海边，都完成了规定的一到两千米。烈日炎炎下，大海风平浪静。老师和校友志愿者们都在船上或冲浪板上盯着孩子们，或者和他们一起下海游泳。游到一半时，他们会把一种叫作“冰糖”的老式糖果扔进精疲力竭的学生们的嘴里。游完的学生会为剩下的学生加油，直到最后一个孩子耗尽了气力，双眼噙着泪，摇摇晃晃地上了岸。

2010 年 7 月 21 日

我刚下海开始游。游得轻松自在。但过了 32 分钟后，我觉得越来越吃力。好难。要游好久才能吃到糖果。终于就剩下一半距离了。糖果的味道不是很好，因为嘴里混了咸咸的海水，我尝不出甜味。我开始觉得有点累了。

海里还有水母。我摸了六只，看到了四只，那感觉就像：“哇，不愧是水母。”

游完泳的感觉真奇妙，无法用语言解释。我迫不及待地想告诉妈妈。

从那天起，这份喜悦——游泳的成就感和收获的友情——就成了太郎小学时代最欢乐的时刻。但我们不能带着无拘无束的乐观主义走出校门。活动结束后，母亲们见到了各自的孩子，相互交谈中，一位女士似乎觉得必须要说出来：“可是我女儿只游了一千米。”

对于一个平时常在游泳池里游泳的孩子来说，在海里游完一千米是一个多么令人惊叹的壮举呀。但比起其他游完了两千米的孩子，便算不得有多优秀了。而面对太郎这样成功游完两

千米的孩子，身旁总会出现各种提醒的声音，称未来的挑战会更多。家里墙上挂着的正是太郎的游泳教练对于当日游泳情况的报告。前两句话表达了对这一成就的祝贺，接着是“我会列出整体表现的不足之处”，敦促太郎在蛙泳时多注意蹬腿，在侧泳时手臂多向前伸展。

2011年3月10日

昨天我妈妈邀请了很多人来家里，大家一起过得很开心。当我放学回到家，还有好多人在。我赶紧走进客厅，桌上摆着蛋糕、金橘、黑豆和糖浆冰激凌等好多吃的。我只拿了几个金橘吃。金橘里有好多籽，但我能把它们都吐出来。真不知道妈妈怎么洗得了这么多盘子，但到了第二天早上，一切洁净如新。冰箱简直变成了天堂！里面塞满了金橘和柑橘。有这么多应急食物，就算地震来了也不怕。

毕业

2011年3月11日

毕业前的两个星期，太郎的小学生活在突如其来的告别仪式中戛然而止。一个凉爽晴朗的下午，太郎正站在网球场上，突然脚下的地面开始晃动，几乎把他掀翻在地——一场大地震袭来了。老师们把孩子们聚集在一起，带他们到教室去，等着父母来接。大多数孩子因为感受到了大自然那不可预知的巨大力量而头晕目眩。一些孩子则被吓得哇哇大哭。

地震来临时，我刚刚忙了一上午，买了东西，办完各种差事，正在坐火车回家的路上。列车长突然宣布要紧急刹车，乘客们发出惊恐的尖叫声。车轮发出一种令人恐惧的嘎吱声，就像走在木地板上发出的声音。我转向旁边的女人，两个人几乎同时问道："有人跳车了吗？"是不是有哪个想自杀的可怜人在火车前跳下去了呢？话音刚落，火车像游乐场里的魔毯一样来回摇晃起来，我们这才知道是地震了。日本时常发生地震，但这次火车的倾斜程度在人群中迅速引发了恐慌，大家清楚地意识到，这可能是一场大地震。而这次的确是。外面的电线杆在晃动，建筑工人焦急地抬头盯着。“像在摇篮里一样，晃来晃去的。”旁边的女人说，我们前后来回摇晃，幅度越来越大。在半满的车厢里，人们静静地坐着，做好了整个车厢被掀翻的准备。大家开始拨打手机，但没有人能打通。几分钟后，晃动停止了，火车跌跌撞撞地开进了下一个站台。我们继续坐着，有些恍惚，不知道接下来该怎么办。这时售票员宣布火车无限期停运。我估计就算自己走得够快，也还要一个半小时才能到家。我下了火车，去了车站的洗手间，已经有一群女人在那里排队，所有人都在为踏上未知的路程做准备。那次的东日本大地震造成了15,000多人死亡。

人们在外面转来转去，担心待在室内的话，天花板可能会塌陷。几乎每个人都紧握着手机，即使信号已经瘫痪。我走得飞快，因为想快点见到太郎。我倒不是特别担心，因为知道老师肯定会安排学生们在大型开放式操场上避难，而且学校的建筑都严格遵循了建筑规范，十分安全。和往常一样，当我低头看到黑色麂皮靴子上那脏兮兮的运动鞋印时，就知道太郎一定是在早上出门时踩到了我的鞋——我没打算把鞋印擦掉。我的想法有些病态：这鞋印也许会成为太郎留下的纪念品。刚走了几分钟，我又感到一阵不安。我停了下来，抬头看着一根路灯杆。没错，路灯杆在摇晃。从今天开始，这样强烈的余震还会持续数月，每次震动我们都担惊受怕，唯恐又是一次大地震。站在我面前的是一个上了年纪的白人男性，他眉头紧皱，脸色苍白，似乎被恐惧攫住了。他旁边的一名日本妇女看上去平静多了，两人之间放着一辆婴儿车，只见她弯下腰调整了下婴儿身上盖着的毯子。这是祖父母在照顾孩子吗？我继续向前走去，看见一个人站在屋顶上，在试着修理天线。我赶紧向前走去，不想看到他在下一次震动中摔下来。当我透过商店的窗户瞥见电视报道时，才知道这次地震真的很严重。在日本地图上，整个东北海岸线似乎都被闪烁的红线所包围——这代表着海啸预警。我迅速迈开步子向前走，思绪飘忽不定。这个地区的核电站能承受住地震的冲击吗？不过我敢肯定不会发生趁乱打劫的事，在日本绝对不会有。

回到家里的公寓楼，居民们正站在大堂里，互相安慰彼此。家里没什么损失，尽管水溅了出来，但金鱼在水箱里安然无恙。光盘和相框散了一地。我在笔记本电脑上看到《国际先驱论坛报》发来的一封电子邮件，询问我是否愿意写专栏文章。我抓起自行车向学校骑去。已经到了下班的时间，大批滞留的通勤者包围了当地的火车站，大约有 100 人在排队等出租车。当我在黑暗中骑车前进的时候，我在想，这是我和太郎一起经历的第一场大地震，待会儿回家的路上，我们的感情会不会更深一些呢？但是当老师把太郎带出来的时候，他正一脸怒气。

“你为什么来了啊？我超级想在学校里过夜的。”他说。孩子们躺在崭新的毯子里，看碟片，吃应急饼干。那些家离得很远的父母没法走路过来，因为交通瘫痪也不能开车，所以他们的孩子会在学校的教室里过夜。回家的路上，我把他沉重的书包放在自行车的车筐里，保持车子平衡，而太郎抱怨了一路。一想到刚才还幻想着太郎会和我更亲密些，我便气不打一处来。另一对走在不远处的母子可以听到太郎不停地抱怨，我又无法让他闭嘴，感觉非常尴尬。当时我正处于恍惚之中，没有责备太郎。回到公寓后，我们一晚上都在看日本东北部受灾中心的电视新闻。我们看到海浪吞没了城镇，房屋和汽车在洪水中四处漂荡，黑漆漆的夜晚被橙色的火焰包围。余震不断来袭，我们的房子砰砰作响。

“我想还是在家最安全吧。”太郎勉为其难地说。

2011 年 3 月 13 日

昨天发生了大地震。到处都在不停地摇晃，有点吓人。但是学校给我们发了毯子和食物，还挺有意思的。可是我好讨厌停电。宫城遇到了很可怕的事。

我现在还活着是因为我不住在宫城。电视上，除了第二频道和第十一频道之外，全都在播放实时新闻。

* * *

接下来的几天里，学校让我们静候复课的通知。我猜可能会过几天吧。东京看起来几乎没受到什么损害。虽然这次是一场大地震，但并非完全出乎意料。当年我还在上小学时，就听到过预警：一场大地震随时都有可能突袭东京，而且等待的时间越久，发生地震的可能性就越大。就在前一天，太郎的学校刚举行了一次地震演习，孩子们都聚集在校园的疏散点。地震发生的两天前，我还严厉指责过一位母亲，因为她说最近新西兰发生地震，造成几名日本学生遇难，她不敢送女儿出国留学。

“我觉得日本发生大地震的可能性才更高吧。”我告诉她。

聚会那天，她和其他几个妈妈都来家里吃了午餐。晚上，太郎回来看到我们聚会结束后冰箱里塞满了食物，惊叹不已。一个诡异的巧合是，那天他在日记中还提到家里屯了足够的食物，即使遇到了地震也能生存。不过，尽管地震随时可能发生的想法时常在我们脑海里盘旋，我们依然像大多数人一样，没有做好准备。海啸对沿海地区的破坏程度比最初想象得要严重许多。伤亡人数也不像最初报道的那样只有几千人，而是上万人。核反应堆有可能会爆炸这件事让我们明白，虽然政府一再保证了这个行业的安全性，但大家都被误导了。恐慌逐渐蔓延。即使是在相对安全的东京，商店里的卫生纸、瓶装水、速食食品和电池等日常用品也被抢购一空。几天后，公立学校重新开放，但太郎所在的私立小学决定在这学期剩下的时间里停课。学校解释说，由于大多数学生乘坐火车和公交车上下学，在余震不断的情况下，无法确保他们在途中的安全。

就这样，六年的小学生活突然间很不真实地结束了。这群亲密无间的孩子们从一年级开始就聚在一起，现在则面临着离别。成绩最好的学生中——大约有10%的人——会离开这所私立学校去竞争更激烈的初中读书，而包括太郎在内的其他学生会直接升入该校的附属初中，和其他新入学的学生一起——总人数将会是现在的两倍，从七年级读到九年级。妈妈圈子里的各色社交活动也会逐渐减少，因为初中阶段的学校活动相对少一些。随着孩子慢慢长大，逐渐独立，许多母亲也会离家回归职场。

正常情况下，学校会举办一个正式的毕业典礼和几次盛大的晚会，来庆祝这一巨大的转变。六年级学生们一直在为毕业典礼进行排练。在毕业典礼上，孩子们会走上舞台，鞠躬致谢，领取毕业证书，欣赏五年级学生表演的《威风堂堂进行曲》。而现在，所有的仪式都被取消了。

我们这些做妈妈的，也一直在为参加毕业典礼做准备。聚会当天，我们几个人决定一起穿和服。这种做法很流行，因为在意义重大的场合穿和服得体而正式，这也是难得的穿传统服装的好机会。要知道，比起从衣帽间里拿出一件花哨的化装舞会裙子，穿和服是一件更为隆重的事。和服可以说是世界上最复杂的民族服装了。首先，和服有许多不同类型的纹路和样式，质地和风格，而且严格规定了不同的样式分别适用于什么样的场合。参加小学毕业典礼，最好低调朴素，不要抢主角风头。

典礼前几周，我专门去母亲家，从我们家的传家宝中挑选了一件和服——它们都被母亲妥善地保存在一个桐木柜子里。（因为丝绸和服的保养过于麻烦，所以我的公寓里一件也没有。）我选的是一件柿子色的和服，正是妈妈40年前参加哥哥的小学毕业典礼时穿的那件。我还预约了一家美发沙龙，负责在典礼那天帮我穿和服、盘头发。像大多数日本女性一样，我做不到自己一个人穿好和服。和服要穿在几件内衣外，上面有各种腰带、腰绳以及把腰带固定在衣服的正确位置的腰带结，而且腰带必须完全笔直，露出指定的折痕。我参加了为期一天的速成班，了解和服的衣服结构和穿衣技巧，比如如何穿着这种紧绷的服装优雅地走路，以及如何在上厕所时把裙子提起来（一次拨开一层）。

“要让自己看起来像个茶叶罐，而不是可乐瓶。”我的指导老师告诉我，确保我明白，这条裙子必须遮住我的身体曲线。

当我听说毕业晚会还包括卡拉OK后，我还去当地的雅马哈音乐学校报了一堂歌唱课。很多日本人都有自己拿手的曲目，可以在这种场合即兴演唱，但由于在国外待了这么长时间，又与日本流行音乐脱节，我唱不出一首像样的曲子。音乐学校的老师教我唱了几首女性歌曲，但我们认为选这几首有风险，可能会有其他人在我之前表演这些歌曲，技巧更高，唱得更好听。于是我们转而决定，利用我声音沙哑低沉的特点，演唱《亡命之徒》（*Desperado*）。肯定没有别的妈妈会唱这首歌。

地震后，母亲告诉我，别再想着穿和服了，在灾难面前，穿和服是极度轻率和不恰当的行为——因为和服有喜悦的含义。我为典礼做了这么多准备，现在全都泡汤了，我大失所望，但母亲言之有理。我取消了美容院的预约，把本来要花费的100美元捐给了救济基金会。不过学校里的妈妈们可不会就这样安安静静地毕业。不能正式地见证孩子们毕业的里程碑时刻，这件事她们绝对无法接受。

“我一直都想听听您的意见。”一位母亲说，地震发生大约一周后，我在公寓附近的一家咖啡馆遇到了她。一开始我没明白她在说些什么。过了一会儿我才弄明白，她以为我也会像其他母亲一样，因为毕业典礼被取消这件事感到心烦意乱，想联合起来向学校抗议。我又一次感到自己和其他母亲之间的隔阂。我当然想参加毕业典礼，这样的机会一生只有一次。但眼下情况特殊，在持续不断的余震下，如果要家长和孩子们跨越整个城市来参加典礼，学校担心可能会出事。况且我母亲说得没错，海啸席卷了日本北部的学校和里面的孩子们，在这种时候庆祝毕业肯定会显得没有人情味。然而在一群母亲恳求老师们重新考虑之后，学校做出了让步，同意举办一个小型的毕业典礼。

副校长在临时举行的毕业典礼上对家长们说：“我很担心，不知这样的毕业典礼是否符合大家的期望。”通常来说，孩子们是在礼堂里，站在全体师生的面前，领取毕业证书。但在这个阴雨连绵的下午，只有即将毕业的六年级学生、他们的父母和老师们挤在楼梯和科学教室之间的大厅里。尽管如此，我们依然感受到了这一时刻的重要性，这标志着一个时期的结束，对父母和孩子来说都是如此。我们中的许多人，包括我在内都泪流满面。

副校长说 :“但是孩子们，你们都长大了，这六年时光令人难忘，现在我终于要怀着喜悦的心情，自信满满地把你们每一个人送进更高的学府。”然后他接着说道，“同时，我非常感谢各位家长这六年来对于我们学校工作的支持和理解。”

这漫长的六年啊。

然后老师挨个念出每个学生的名字，他们一个接一个地走到讲台上领取毕业证书。太郎微微笑着，鞠了一躬，接过证书。这是他第一天上学时看到镜子里的自己时露出的害羞笑容，但带着一丝克制，已经没有了当年眼中热切的光芒。

* * *

毕业前夕，学校的护士把健康手册交还给了父母，手册上记录了孩子的成长曲线，以及每年要求父母提交的有关学生健康状况的观察报告。护士亲切地在每个学生的手册上系了一条浅蓝色丝带，丝带的长度正是孩子们在这六年间的身高增长值。太郎长高了 25 厘米。我看到了自己在每一年写的一长段话，我的书法水平与日俱进，一年级时还写得又小又紧凑，现在已经可以写出又大又优美的字体了。（想都不用想，这是因为六年里我给老师们写了几十页笔记和几百张姓名标签。）早年，我会细心留意太郎一步步适应并学会享受学校生活的过程。到了三年级，我写的是：“其他孩子进步飞快，我们常感觉自己落于人后，总是在拼命追赶他们的脚步。”等太郎读完了五年级，我写的是：“太郎不得不开始面对生活的残酷现实。”这段话记录了我当时绝望的心境，着实耻辱。面对这样的情绪，我只会冲太郎大喊大叫、毁坏他珍藏的东西、把他锁在浴室里，还有用其他不讲道理的粗暴方式，迫使他做出点成绩，这让我一辈子问心有愧。对太郎来说，在学校里这漫长的六年是不是他自尊心一路骤降的过程呢？也许是吧。

2010 年 10 月 20 日

前天我还在轻井泽呼吸着新鲜空气。可好玩了。我觉得很不错。接着当我在吃饭时，突然一阵担忧袭来，重重打击着我——我可能上不了初中了。而且只有我。这种感觉差不多一小时后才离开我。我感到彻底的绝望，觉得恼火，感觉如果这样下去，将来我肯定会一事无成。这就是我的感受。

我本想忘掉这些。但最后我决定，我应该把这些牢牢记在心里，努力学习。

不过，我对于太郎健康情况的观察记录报告却是以充满希望的语气收尾的。我留意到:“但是,他还是会抛开不愉快的想法,振作精神、高高兴兴地去上学。”这就是太郎的恢复能力,正是这一点,帮助他吸收了这所学校的诸多优点。我相信,这所学校教会了太郎大量的知识,为他提供了宝贵的社会环境。毕业时,太郎在阅读、写作和数学等基础学科打下了坚实的基础。太郎发现了自己对历史的兴趣,科学课激发了他的好奇心。他在校园里种蔬菜,在宽敞的画室里做木雕。他在一年一度的避暑营翻山越岭,在海边尽情嬉戏。他交了几十个朋友,其中几个可能会成为终生挚友。他和朋友们会一起想起激情四溢的躲避球比赛,在通勤列车上的嬉戏打闹,还有在大海里游泳时,糖果掉进嘴里的味道。

这所学校讲求高度民主,打消了我对太郎被灌输精英主义态度的担忧。虽说学校里的孩子们都来自社会上的高收入家庭,但就在学校的成绩而言,大家用着相同的学习资料,也都被寄予着同样的期望。没有人会对孩子们付出的辛苦努力大加赞扬,这着实令人沮丧,但其他孩子也没有凭借特殊的优待来取得进步。我时常哀叹:“要是太郎能认真写作业就好了。”意思是我相信如果太郎能做到这一点,他很有可能会和其他孩子一样成为优等生。我想不出还有哪所小学能像这里一样,可以如此深刻地灌输给我们这么多东西,不论是从好的方面还是坏的方面。太郎喜欢这所学校,喜欢这里的同学。除了最黑暗的那一天,他每天早上都怀着满腔热情去上学。于是,我提前给他买了一套高领夹克和长裤，好等他上附属初中的时候穿。

太郎是如何看待自己的小学生活的呢？上初中后不久，老师让学生们回忆一年前的情景，太郎是这样写的：

> 我的六年级过得很有趣，但我总和老师们产生矛盾，每天都要进行反抗。我的成绩不太好，总是盼着课间休息。我最喜欢和朋友们一起玩。那个时候，一切都轻松自在。我也不用担心我的未来。学校的午餐很好吃，我经常吃两份。一整年我都穿着短裤和短袖。

太郎刚上初中不久，一天早上，我目送着他骑自行车去上学——因为学生上了七年级后才可以骑车。当他身着硬挺的新制服开始蹬踏板时，满脸都是止不住的笑意。有那么一瞬间，我看到他眼里的光芒又出现了，我很激动。我依然记得当年骑自行车带着太郎上山去补习学校时，那个 5 岁的男孩从后面紧紧抓住我，为我加油。现在轮到我在他骑车离开时为他鼓劲了。加油啊太郎，加油啊。

2010年11月9日

我在思考地球以外是什么。是无穷无尽的宇宙吗？还是有边界的呢？如果有，是多大？我们可以看得到吗？当我看着弹珠时，我在想这些事情。弹珠就是一个个的玻璃块。

我真的沉浸在弹珠之中了。

脱胎换骨

2012年2月4日

“埃及人的宗教信仰是什么样的？”历史老师在课堂上问大家。太郎和几个同学一起举起了手。每次老师提问时，他都会把双臂直直地向上举着，上身向前弯曲，重复好几次这个动作。“没错！神秘主义，太郎的回答很贴切。”老师说。太郎露出羞涩的微笑，因为被表扬而心生喜悦。在日本，他可能会被要求在课堂上回答出正确的答案，或者会因为做出愚蠢的举动而被罚到走廊里罚站。

但我们已经离开了日本。几个月前，太郎在马萨诸塞州的一所寄宿学校读了六年级。在刚上初中的前几个月里，看到太郎苦苦挣扎，我认输了。我放手一搏，带着太郎搬到了美国。从社交层面来说，从私立小学到附属中学的过渡很容易。初中还是在那个他熟悉的校园。我和太郎已经认识了一半的学生和妈妈，他们都是从小学升上来的。在这里，太郎很快变得大受欢迎。他顽皮的幽默感常逗得同学们哈哈大笑。他为人慷慨，总是准备着借给健忘的学生一本笔记本或一件运动服。他热爱体育运动，常在比赛中大声欢呼，带动了全校的校风精神。太郎是个帅气的小伙子：身形修长，长了一双杏仁眼，嘴唇呈淡玫瑰色，皮肤光滑白皙。同学们都很喜欢他，他也开心地接受了这个学校。

但太郎的学术水平又是另外一回事了。在初中部，七年级的学生要学习九门专业课，外加音乐、艺术、书法、家政和健康——对太郎来说，确实力不从心。专业课包括日语，分为语法和阅读理解两门课；数学，分为代数和几何；科学，分为地球科学和生物。每门课程都有配套的课本、笔记本、作业和测验。学校给学生分配了储物柜，用来存放每天的课程用书。一开始我还试着检查太郎的笔记本，看他有没有交作业。我看到了老师的评语，比如“我在等你”——大概是关于迟交作业的。太郎每天只带几本课本回家，经常无视我对他课业负担过轻的担忧，说他已经完成了所有的作业。

第一个学期开始的几周后，学校举办了一次家长会。太郎的班主任是一位热情温暖又乐于助人的年轻女孩，教授书法。班会结束后，我走到她面前，告诉她太郎平时很少把课本带回家的事。

“真的吗？”她有些难以置信。

于是她拿出一把万能钥匙，我们冒险走到走廊上的储物柜前。老师打开太郎的储物柜，几本课本掉在了地上。柜子里塞满了运动服、鞋子、书籍和笔记本，其中许多都是太郎本应该带回家的。书本眨眼间就掉出来了，但它们在空中滑落的轨迹像一声失败的哀号，慢动作一般在我的脑海中回荡。从那一刻起，我知道我们已经越界了。我再也没有毅力去整天追在太郎屁股后面，督促他写作业了。我的精力已经耗尽，打不动剩下的战役了。一想到在家里可能会发生更多冲突，我突然打心眼里感到排斥和抵触。我受够了。

过去一年，我为移居美国做了一些准备——做过相关的学校调查，甚至申请了一些学校，不过都没有全心全意在做。当时我一直幻想着太郎哪天会突然成长起来，适应这所学校的初中生活，所以这些都是遥不可及的后备计划。一开始我在纽约市寻找公立学校，之所以选择纽约是因为我哥哥和他的家人住在那里。一个新城市里若有亲戚在，会给予你很大的支持，而且太郎很爱他的两个表哥。可是那些有名的公立学校班级规模都很大，还都位于房价高昂的区域。接下来，我给几所私立学校的招生办公室发了邮件。他们都回复道：“学校无法接受一个不会说英语的七年级学生。”这时几个朋友劝我考虑寄宿学校。把 12 岁的太郎送走的想法未免过于可怕，但理性上来说，我能理解朋友们的想法。毕竟寄宿学校懂得如何教导各种各样的孩子，住在离家很远的地方也会让太郎成熟起来，而且这些学校为外国学生提供了很好的英语教学和指导。学好英语的重要性显而易见，这一点也改变了我的生活。日本相对来说很少有英语好的人，所以我可以找到各种工作机会，从事英语教学和翻译工作。但是，对于其他让太郎去寄宿学校的充分理由，我充耳不闻。直到那天看到太郎柜子里掉出来的一堆书，我才认清事实，开始行动起来。

* * *

“你要去寄宿学校了。”储物柜事件过后没多久，我向太郎宣布了这件事。

“我不去,没门。”他回答。后来我们断断续续地“讨论”过。进展顺利的时候，我会跟他讲讲寄宿学校多么有趣。进展糟糕的时候，我会说：“我早就说过，你要是不写作业，我就把你送到寄宿学校去。”

上了七年级后的第三个月，太郎站在全班同学的面前，腼腆地说他要离开学校了。为了让那些目瞪口呆、心情沮丧的同学们振作起来，一个男孩站起来宣布说：“我来继续在班里担任气氛烘托大师吧。”

课间休息时，几个女孩挤在楼梯间哭了起来。太郎加入的剑道队专门为他举办了一个特殊的欢送仪式，他在仪式上接受了一项荣誉挑战，从两排高年级学生之间穿过去，用竹剑与他们交手切磋。在他宣布离校的当天，我精心撰写了一封电子邮件，告知了我认识的每一位母亲我们要搬家的事，小心翼翼地把邮件一封接一封发了出去，确保大家差不多在同一时间收到。

邮件里，我丝毫未提我和太郎是为了逃离失败才离开的，而解释说是因为要去移居去美国工作。在太郎上学的最后一天，他的同学们把他抛到了空中，再接住他。这是日本的一种传统做法——完成了里程碑式的成就的人会接受大家的“庆祝抛”。那晚，我站在太郎的床边，看着他伸展着四肢，躺在这个我们几乎每天都发生冲突的房间里，睡得香甜。很快他就会离开这个家，除了假期，可能再也不会和我住在一起了。我怎么会让这种事发生呢？当我站在那里注视着他时，我真想高声尖叫，毁掉房间，跑出公寓，盼着醒来时发现太郎还是那个小小的婴儿，我和他可以一起重头来过。

在我们来到美国的第一周，太郎的手表一直是日本时间，时不时地指出来日本的同学们这个时候在做什么。

“Maechin 才刚醒。”在美国东海岸的傍晚，他会提到东京一个同学，那个时间东京的太阳才刚刚升起。当我们来到寄宿学校的宿舍，打开他的行李时，太郎发现包里有一枚一日元硬币，于是把它贴在了脸颊上。

“冰冰凉凉的好舒服，”太郎闭上眼睛感受着，“让我想起了日本。”

但是接下来的几周内，太郎并没有产生太多的怀旧情绪，他随意地和来自世界各地的新同学们挤在一起，坐在宿舍的床上玩笔记本电脑上的游戏，扔飞盘，或者在健身房里放松。真是一个特权世界啊。这所寄宿学校位于马萨诸塞州西部，占地

800英亩，青翠多山。学校里有一个池塘，里面养着鳟鱼，可以垂钓，还有独立的宿舍和教学楼。最令我们惊叹的是，学校里还有自己的滑雪场，配有滑雪升降椅和跳台。当我和哥哥第一次来到这所学校时，我转身问他："这是不是你见过的最漂亮的学校啊？"他回答说，他儿子上的寄宿学校"更漂亮"，我这才明白美国这些富有的私立学校的奢侈程度。

比起太郎，美国的新生活对我来说更难适应一些。我带了两个手提箱来，并不打算长待。但当我发现寄宿学校几乎每个月或假期都要举办活动时，我决定留在美国，和太郎处于同一个时区，住得离他近些，以便随时探望。于是我在纽约租了一套公寓。我打听了一些双语员工的职位需求，但很快发现，如果做全职工作，我便无法达到移居的目的了。就这样，我继续从事自由写作和翻译工作，主要依靠我的积蓄和父亲的经济帮助。在美国生活对我来说并不完全陌生。之前父亲在美国工作时，我在华盛顿上过初中和高中，后来又在檀香山读了两年研究生。但这次是我第一次独自在国外生活。我在纽约没有朋友和社交圈子，再加上太郎不在身边的空虚，适应新生活的压力越发大了起来。那段时间我在《纽约时报》上发表的一些思绪反映了我的迷茫和困惑。移居美国后我写了第一个专栏，名为"从东京到纽约：转变与适应"*，反映了我如何陷在多愁善感的自怜

* http: //www.nytimes.com/2011/08/11/opinion/11iht-edmakihara11.html.

之中。我在心里不停地默念着刻有太郎名字的咒语，告诉自己要做纪伯伦诗中描述的那根稳定的弓箭：**“你们是弓，而孩子就像弦上向前射出的、有生命的箭。”**[*] 几个月后，我又开了新的专栏——“礼仪带给人安慰”。[†] 抱怨比起我深爱的日本，美国的服务标准更为松散。两个月后，我甚至在“害怕独自死去”的专栏里写下了自己的恐惧——害怕自己死在公寓里而无人发觉。[‡]

我没能博取到多少同情。毕竟，我住在位于曼哈顿的公寓，儿子在寄宿学校念书，日子过得并不算拮据。“死亡”专栏开始几天后，我收到了一封法国读者的来信——《纽约时报》打印出来寄给我的：“如果槙原女士停止关注美国生活中消极的一面，学着发现其中的美（种族的多样性，内容丰富的文化大熔炉等），她会快乐很多。”[§] 还有一位朋友在电子邮件中提醒我，日文里有“坚忍”（gaman）这个词，他说，“你可能需要更多的坚忍。”父亲还专门手写了一封长达三页纸的信给我，力劝我趁着太郎寄宿读书的机会，抓紧时间实现自我。“我觉得这可能是你最后一次把握天赋、有所成就的机会。”父亲说愿意给我提供资金支持，“时间至关重要。人人都希望自己活得久一些，但你知道，什么事都有可能发生。”

---

* Khalil Gibran, *The Prophet* (New York：Alfred A. Knopf, 1923), 17.

† http: //www.nytimes.com/2011/10/08/opinion/08iht-edmakihara08.html.

‡ http: //www.nytimes.com/2012/04/10/opinion/afraid-of-dying-alone.html.

§ http: //www.nytimes.com/2011/10/12/opinion/12iht-edlet12.html.

父母寄来了很多日本人写的书，都是《全球职业：一条通向无限可能的道路》[*]或《从“小鸟笼”中起飞》[†]这类的书。这两本书的作者都是日本知名的职业女性，拥有无可挑剔的学术背景和商业资历，大力倡导全球性思维。虽然我从未听从过父亲的职业建议，但看到自己眼下的处境，也没有什么可辩驳的。当年父亲在北美和南美为日本最大的贸易公司经营全部业务时，正处于我现在的年纪。

父亲在信里极力劝说我发展自己的事业，我表示不屑一顾，但在信的末尾，我的确留意到了父亲那藏在心底的思虑。“在我看来，你现在应该努力和投入精力达成的目标并不是成为可以让太郎依赖的资源，而是一位可以让他尊敬的母亲。”有时我会担心，不知道太郎会如何回忆当初因写作业而产生的争执。他曾经在日记里说我是“老妖婆”，我会永远在他心里保持这样的形象吗？我从来没有思考过像“尊重”这样宏大的概念。我尊重过我的父母吗？父亲是一名成功的高管，拥有分布在世界各地的广泛交际圈，很难让人不表示钦佩。而我的母亲，在没能完成大学学业和没有好的职业发展的情况下，仍可以泰然自若地与父亲比肩，这样的智慧和魅力着实令人仰慕。只是对于他们的养育方式——把哥哥归类为聪明的孩子，鼓励他在学术

* 作者是石仓洋子（Yoko Ishikura），由东洋经济新闻社于 2011 年出版。

† 作者是河合江理子（Eriko Kawai），由东京的钻石出版社于 2011 年出版。

和专业上取得成就，却把我视为一个有份工作就好、应该追求婚姻幸福的女孩子——虽出于好意，仍让我饱受痛苦。一位朋友曾经告诉我："当你父亲谈论你哥哥时，他谈论的是一个成年人。但是当他谈论你的时候，听起来就像在谈论一个3岁的孩子，真有意思。"

我不希望在太郎成年后也这样形容他，但似乎又正在朝这个方向前进。从小到大，我已经为太郎做了大大小小的各种决定，早已把他视为自己的一部分。实在不希望等到太郎50多岁的时候，我还在督促他改行。

* * *

之所以选择寄宿学校，部分是因为它和太郎在日本上的私立小学有一些共通之处。这两所学校都属于私立学校，历史悠久，可以追溯到20世纪初；都有着为母校传统倍感自豪的校友组织，彼此间联系紧密；都坐落在一片绿意盎然的校园中；都有着优秀的教学水平和高超的运动水准。但二者之间存在的差异则更为普遍。

首先，在美国一切都非常不正式。记得一次家长会前，太郎的英语老师给我发了一封电子邮件，约我和另一位女老师晚上一起出来玩，"好好放松一下"。在日本，老师是掌控一切的主人，绝不会和学生家长成为朋友。还有一次，家长去学校参加随堂观察时，在科学课上，老师问学生："什么是表面张力（surface tension）？"一位母亲开玩笑地脱口而出："你和老公吵架的时候？"美国的父母有时会在课堂上举手提问，甚至是回答老师的问题。但在之前的私立小学，家长们总是挺直腰板，静静地站在教室的后排，希望孩子好好表现，不要出丑让自己难堪。寄宿学校的家长和孩子的背景十分多元——他们来自美国的不同地区乃至世界上的各个角落，只有约 20% 来自当地。在这里，约 25% 的学生都能拿到助学金。所以对那些言行突出的妈妈，文化环境不会束缚她们。除非你住在学校附近，否则基本没什么机会和其他家长交流，因为家长们每年只会在家长探视日碰几次面。

我还发现，这里的人们对学习障碍和发育障碍以及药物治疗的态度要随意得多。我在寄宿学校遇到的父母，几乎都有一个孩子有类似的学习问题，要不然就是认识遇到过类似困境的人。太郎在私立小学的六年里，我只和父母谈过一次 ADHD 的话题。有位妈妈还讲到过因为儿子不愿意学习，她专门带孩子去看了医生。

"不过医生说我儿子压根没病，根本不是什么注意力缺陷之类的病。"她大大松了口气，暗示 ADHD 可能是最严重的情况。

之前，太郎的日本精神科医生和我都已经同意，把药物治疗作为最后的手段，只用来暂时帮他度过最严格的学校教育时期。到了寄宿学校，每个秋季学期伊始，我都会试着让太郎在没有药物的情况下开始学习，希望他能慢慢适应不吃药。但所有的老师都力劝我，说学期刚开始的时候还是让太郎吃药比较好。他们考虑到，如果在太郎在刚开学就觉得吃力，可能会伤害到他的自尊心，等到以后慢慢好转，再停药也不迟。我非常固执，坚决不让吃药，结果太郎再次陷入挣扎之中，我只好极不情愿地重新开始药物治疗。药物似乎能帮助他稍微延长注意力集中的时间。几年后，太郎决定每天早上不再去学校护士那里取药。也许吃药会让他在学习上有更好的表现,但断了药之后，他的学习成绩并未退步，也没有变得不开心。所以我想，随着这几年逐渐长大，他大概已经找到了自己的应对方法，进步了许多。

这两种不同的学校体系之间，最明显的差异就是美国学校给予孩子的大量的正面强化。太郎在寄宿学校的第一张成绩单上，是老师对他进步和快乐学习的赞语，完全没有提及成绩。老师是这样写的："太郎在课堂上进步许多，理解力也大大增强。他是个乐观积极的孩子，似乎很享受目前的学习状态。"这还是那个在日本因为傲慢无礼被老师体罚的学生吗？在美国，大家总试着从光明的一面来看待问题。如果学生在课堂上回答错了，老师一般会说："没事儿，你再想想"，而不是一个简单粗暴的"错"。在表达批评时，人们似乎不顾一切地试图保持乐观的基调，避免负面的言辞。就像下文对太郎艺术作品的评价："整洁美观、注重细节、精准的玻璃切割技巧、高效利用课堂时间，但也都遇到了一些阻力。”许多父母也习惯了用这样的方式和孩子相处。之前我无意中听到一位母亲对老师谈起她的儿子：“噢，我们都很爱他，这孩子完全没有问题的。”这一切都动摇了我所信奉的日本的谦抑文化。如果你想参与学校的体育运动，但是又达不到超级运动员的水平，没关系，除了校队之外，学校还专门成立了一两个队伍，对参赛者的要求没那么严苛。在日本的初中部，每个运动项目通常只有一个队，所以在整个初中三年里，部分学生都只有坐在板凳上观看的份。这所寄宿学校一向倡导营造鼓励学生的校园环境，以防有学生感到被忽视，老师会鼓励学生“成为自己的支持者”。学生们必须学会在必要的时候寻求帮助，为自己说话。这对于太郎来说是一个巨大的挑战，因为在日本的课堂上，“引人注目”从来都不是一种美德。

还有学校的餐食。“你怎么吃这么胖了！”这是太郎在寄宿学校住了两个月后的第一次回家，我看到他走下公交车时脱口而出的第一句话。鹅蛋脸不见了，鼓成了肉嘟嘟的小圆脸。这肯定是饮食变化导致的，之前太郎在日本吃的都是新鲜的鱼、蔬菜、豆腐和米饭，到了美国就变成了全美式的肉、面包和沙拉（他基本不吃沙拉）。

* * *

太郎在新学校取得最明显的成就是精通了英语。整天生活在英语环境中，自然而然便掌握了。一年后，他能说一口流利的英语，两年后说得完全像母语是英语的人。我激动地看着他开始故意用夸张的方式——第一个音节发重音——讲出一些青少年中很流行的词，比如 awkward（尴尬）和 awesome（棒极了），似乎被自己的新发音彻底迷住了。这让我想起了当年我像他这么大时，从东京搬到西雅图后的语言唤醒期。我记得有一天早晨在校车上，我试着问坐在旁边的女孩六年级学生的交通义务，费力地想要读出 patrol（巡逻）这个单词时的尴尬场面。多少次，我不得不一遍又一遍对着那些似乎是音盲的同学重复相同的话——像那样的耻辱时刻，我忍受了无数次。后来有一天，我醒着躺在床上，突然发现思绪在英语单词中奔涌而出，仿佛被魔咒控制了舌头。太郎一定也经历过这样的时刻。起初，我给住校的他打电话，问他近况如何，他会用简短的日语回答：Betsu ni（不怎么样）。过了几个月，他开始用英语跟我讲：Just chillin'（放宽心）。

移居美国的另一个明显的好处是，我们不用每天都因为作业的事较劲了。但不久后我便注意到一些被忽视的问题：面对未来需要掌握的批判性思维，太郎是否积累了足够的基础知识？太郎在这所美国学校读七年级时，有四五门学术课程，如英语、数学和科学，还有几门非学术课程，如艺术或国际象棋。而在日本，他曾在 14 门课业的重负下挣扎不休。在这所美国学校，非学术类课程明显比较轻松，经常以及格或不及格为标准打分。

而在日本学校，所有科目都必须按照作业和项目要求来评分。太郎的美国老师会耐心地根据他的学术水平调整教学方式，而不是像在日本那样，学校会要求太郎（和我）努力达到班里的平均水平。这所美国学校的校训是“根据每个孩子的水平来和他们相处”。这听起来很棒，但我想知道，这是否意味着这些孩子会一直保持在那个水准呢？美国老师不厌其烦地引导太郎进行独立的分析性思考。可是，老师们难道不应该督促学生多多牢记知识点，为这些想法奠定学术基础吗？我仍在相信着让我们失望过的日本教育模式吗？会有折中的法子吗？会在哪里呢？在太郎来美国读书的几年里，我一直对这里的教学方法和教材持质疑态度。但有一件事我从未动摇过，那就是离开日本的决定。在日本，我们像格格不入的外来者，把被众人抛弃的挫败感发泄在彼此身上。至少现在，我和太郎面临的挑战似乎是一样的：太郎在寄宿学校学会独立，而我在不远处给予他后盾支持。

太郎似乎很享受眼下被解放后的新生活。“在美国，自由时间真的就意味着自由。”我们搬来美国后不久，我问他，有没有觉得美国学校和日本学校有什么不同，他这样回答道：“在日本，自由时间则意味着，你可以自由地去做那些受限制的事情。”

2010年1月19日

我一直都是倒数第几名，但今天我拼尽全力去跑，终于拿到了第五名。我想是因为今天我们第一次跑两千米。我跑在队伍的前面，完全不知道自己在做些什么，这感觉真是奇怪。起初，我像跟屁虫一样想要追赶上前面的人。跑完第一圈后，林淳君说我以4分14秒的成绩排名第六。我能记住的就这么多了。一千米对我来说小菜一碟，所以我从一开始就在冲刺。而且我跑两千米的经验很丰富。你要迈开大步跑，就像在跳着跑一样——这是我实现目标的独门秘籍。当我跑过终点线后，我像法老一样倒在地上，双臂交叉，然后把帽子扣在脸上，幻想着成为最佳选手。

再回首

2017年6月6日

一个双拱形的大门在前面的高速公路前方若隐若现，门上方露出几个蓝色的大字“科克舍套”。

“蓝色三角形的标识在哪里啊？”我问道，给司机看了“收养指南”里小镇标志的照片——是我18年前专为收养太郎准备的，里面都是当时的照片。

“哦，那是旧标识。不用了。”他说。

太郎拿着照片翻来覆去地看，想让自己熟悉这里的环境，找到墓地。墓地还在那儿，位于城镇左边。当我们驱车进入市中心时，眼前的景象完全颠覆了我对这座垂死小镇的记忆，以前的废弃建筑荡然无存。今天，这座城市看起来很正常。这里修建了林荫大道、一个游乐园和一家购物中心。我专门去那里买了一些有着“科克舍套”字样的冰箱贴，然后向太郎展示了一套黑白针织的帽子和围巾，上面缝着这座城市的名字。

“我才不会戴这种样式的。”他说完，就继续低下头看手机，搜索Wi-Fi信号。人们走上前来向太郎问路，他看起来和其他的哈萨克斯坦年轻人没什么两样。他微微一笑，摇了摇头，摆摆手表示歉意，表示他不会说俄语或哈萨克语。我给自己买了帽子和围巾，能和太郎一起踏上归根的旅程，我感到很激动。

“那段日子真的很难、很难。”娜塔莉娅医生一边喝着卡布奇诺一边说道，这家咖啡馆的天花板上，沿架子摆满了各种奇怪的行李箱、滑雪板、雨伞，用作装饰。娜塔莉娅是太郎的第一位儿科医生，头发如今已经是金色的了，她从科克舍套妇产医院退休后，目前在经营另一所医疗机构。记得1999年，太郎出生的那一年，当时每个月都有几个婴儿被遗弃在医院里。娜塔莉娅说，现在这边禁止了国外收养，因为哈萨克人都排着长队等待收养需要家庭关怀的弃婴。回忆起在当年凄凉的日子里，一群来到医院的外国人看到医生的办公室里堆放着一箱箱伏特加酒时，一副震惊的样子，她笑了。

“大家都以为我们都很能喝酒，其实只是老板没钱发工资，拿伏特加来抵押罢了。”她说。

娜塔莉娅有一个18岁的儿子。我们互相打趣说，孩子永远只会在想要什么东西的时候才会开尊口和我们交流。没多久，我向娜塔莉娅讲述了全部近况，离了婚，搬回了日本，在那里养大了太郎，然后在他12岁的时候又移居了美国。现在太郎马上就要上大学了。

“真好啊。”娜塔莉娅看着坐在身旁的太郎说道。她点点头笑了，仿佛从那时到现在的时间和距离都是一段和顺美好的回忆。

* * *

自从当年娜塔莉娅医生把这个无助的小家伙从婴儿床里抱出来交给我后，这 18 年来的生活，我该做何评价？我想到当年的井蛙之见：为了让太郎顺利完成功课，或者至少不比班里的同学写得差——费心费力地逼他写完所有作业。但是他从那所学校里学到了有价值的东西吗？

太郎现在做事还是没有条理，注意力不集中，导致他一直成绩平平，但他了解日本历史，能进行数学心算，喜欢看书，而且还是个社交高手，擅长结交朋友。我觉得很棒。私立小学倡导的团队意识培养了他为集体利益牺牲个人利益的奉献精神。太郎保持着与生俱来的善良和幽默感，还有一点点害羞，这些都让他变得平易近人，深受大家喜爱。太郎的高中老师说，他彬彬有礼、为人谦恭，我认为这在一定程度上要归功于私立小学尊重长辈的学校文化。那自尊心呢？这是让我深深担忧的事。在私立小学的那几年，学校里的各种负面评价和老师对他的责骂，再加上体罚那段最糟糕的时期，一定损害了他的价值感。而在家里，我几乎每天都对太郎大吼大叫，不停地逼迫他学习到深夜。

然而，这一路不易走到今天，太郎似乎毫发未损。他说自己喜欢寄宿学校，还参加了足球队和滑雪队，结交了一群铁哥们。但是他很快又会说："我没考好"，甚至是"我不够聪明"。

因此，当太郎以足球体育生的身份拿到了好几所大学的录取通知书后，这一切变得更有意义了，其中有的学校还给太郎提供了高额奖学金。学校的教练们给他打电话，发短信，告诉他这会给球队带来多么重大的积极影响。我才发现这可能是太郎有生以来第一次感到自己真的被需要。太郎的生母抛弃了他，养父和我们断了联系，而我对他从未感到满意过。

到底是什么造就了今天的太郎，我不知道，只是隐隐觉得是这 18 年来的所有经历塑造了他，包括他与生俱来的一切。那我对他来说又意味着什么呢？他的日记表明了我是他的世界里不可动摇的一部分，既是一个讨喜的玩伴，又是一个不可理喻的野蛮人。

最近，我和太郎乘坐高铁穿越日本乡村时，我问他：“你还记得当年在私立学校上学的那些日子吗？”

“你天天嚷嚷着让我快点快点，一点耐心都没有。而且总给我吃凉早餐。”他说。

我不由得大笑。“太郎，你知道吗？”我说，“你现在也是这样看我的啊，这么多年了，真是一点都没变。”

“没错。”他也笑了。此时我们的火车刚刚驶出隧道，开过另一个城镇。

2010年3月9日

写给日记，我最感谢的日记：

这是我长这么大第一次过11岁生日。

很抱歉把你放在一边，还弄丢了。你总是默默地承受着这些，我觉得很同情你。

致 谢

这本书记录了我的爱、懊悔和感激。太郎，是你那永不磨灭的自由精神，给我的生活带来了无尽的快乐，是你那可爱的幽默感和无限的适应力启发了我写这本书，谢谢你，太郎。

我要感谢天马出版社的托尼·莱昂斯（Tony Lyons），是他勇敢接受了我——一个初次写书的作家，我还要感谢亚历杭德罗·卡罗索（Alejandro Carosso）和赫克托·卡罗索（Hector Carosso），是他们把我介绍给了托尼。谢谢莉萨·考夫曼（Lisa Kaufman）耐心地给我讲解了从手稿到出版的全过程。谢谢莉莉·戈尔登（Lilly Golden）娴熟的编辑工作提高了我的写作水平。谢谢温蒂·维萨（Wendy Vissar）帮我拍摄的完美照片和帮我给网站设计的完美色调。

在写这本书的过程中，我得到了很多朋友的支持，人数众多，不能在这里一一列举。但在这里我想感谢一下那些阅读了手稿并提供了明智反馈的人：苏珊·埃索扬（Susan Essoyan），玛丽·麦克韦恩（Mary Macvean），南希·松基（Nancy

Matsumoto），琼·罗思（Jean Roth）和玛丽莲·怀亚特（Marilyn Wyatt）。

我是在纽约的公共图书馆开始写这本书的，杰伊·巴克斯代尔（Jay Barcsdale）让我在韦特海姆阅览室（Wertheim Room）里进行写作。

谢谢东亚研究所的慷慨支持，以及卡罗尔·格卢克（Carol Gluck）教授、休·帕特里克（Hugh Patrick）教授和杰拉尔德·柯蒂斯（Gerald Curtis）教授的鼎力支持，我得以继续在哥伦比亚大学继续写作。一开始，我在《纽约时报》杂志上写关于我家庭的故事，后来又在瑟奇·施梅曼（Serge Schmemann）和布赖恩·齐特尔（Brian Zittel）的鼓励和指导下，继续在《国际先驱论坛报》上写。

最后，我要把一切成就都归功于我的家人，本和槙原菊子，槙原淳和冈巳美。还有我最爱的儿子，太郎。